蜂屋賢喜代

［校訂版］

苦の探究

法藏館

自序

人として幸福を求めないものはない。幸福を求めて止まないために、日夜、種々に考慮し努力しているのである。しかしながら、努力の止む時がないのは、現在の境遇のままでは幸福でないということである。幸福でないということは、このままでは苦しいということである。それゆえ、真に幸福を求めるならば、顧みて我は何に苦しんでいるのかということを、まず探さねばならぬのである。

世に幸福と思うことは数多くある。また苦しいことも数多いことであるが、一つの苦が無くなったのは一つの幸福であっても、それだけでは真に幸福になったのではない。「思うこと一つかなえばまた一つ」といわれているように、らっきょの皮をむくように、取り去っても取り去っても苦の尽きることがないのである。

枝葉の一つ一つが除去されても苦の根幹が除去されないでは、苦も去らず、幸福も感ぜられないのである。七色板が回転すると何色ともいえない一種の色となるように、苦しいといってても何をどうしてよいのか分からぬような色となっているのが吾人の人生苦である。

幸福になりたいと願うならば、我を不幸にしている原因は何であるかと、子細に苦の探究を先にせねばならぬ。

人間苦としては数限りがないが、その根幹をなしているものは八大苦であり、四大苦である。根幹的のかかる苦を除去することができずに、いくら枝葉的な一々の苦を除去しても苦は依然として苦であり、決して幸福とはならないものである。

私はかなり多くの人生苦に悩まされてきた。そして長い間には、多くの人々が種々の苦悩に悩んでいることを知っている。それゆえに、かかる既知未知の人々に対して、かかる苦悩がなくなり幸福となられるようにと念願せざるを得ないのである。かかる念願を果たしたいために、かかる苦悩の除去せられる方法、真の幸福に達する方法として、仏教とは何を教え、我々をどうするのであるかということを是非言いたいのであり、仏教中においてもことにわが真宗の教えは、吾人に何を教え、吾人をどうしようとするのであるかということを知らしめたいのである。

多くの人は、仏教とは現在の人生苦に対して縁遠きものであると考えたり、哲学的の空理であると思ったり、わが真宗という教えをも、未来救済の教えであるとのみ思い、現在の苦悩に対しては救済関係のないものと思惟して、真宗の信の教えが現在救済の教えであることを閑却して、人生苦としての除苦悩法であることを知らず、ここにのみ真の幸福の門戸が開かれてあるのに、それに気づかずして素通りしていることは、自他共に残念なことであるからいささか愚筆を運んだ次第である。したがってささやかなるこの書が、もし人生に苦悩しつつある人々に、真の幸福に入られる縁となるならば、それこそ、ひそかに私の欣幸とするところである。

私の母は、恐ろしいほどの多苦多難の人生を経てきた人である。よくも今日まで生きのびたことであると、不思議に思うことがあって、それを最もよく知っているものは私である。しかしながら、母は五十歳前後の劇苦のどん底において、たまたま求道心の眼醒《めざ》めを得て、聞法生活が始まり、爾来三十年間、聞法生活に精進して、後には、あらゆる人生苦を離脱したかのように、朗らかなる法悦境中の人となり、十方礼の感謝の月日を送って、念仏三昧の生活を続け、去る五月二十四日、八十歳を一期として、静かに終わったのである。母はただの母でなく、法の上の最も親しき私の知己であり、法友であっただけに、懐かしさ限りなく、惜しまれてならぬのである。悲喜こもごもいたるとは、こんなのをいうのであろう。聞法精進の母は毎月、私の書くものを楽しみとして待ち、渇したるものが水を飲むように、自分の所感を述べたり同喜したり、不審をたずねたり、繰り返し繰り返して法悦にひたるのである。それがまた私の無上の喜びであったのである。もし母がこの書を見るならば、いかに喜んで読んでくれることであろうかと思われる。今はただ仏前にこの書を捧ぐるばかりである。一人でも多くこの書を読んで、法縁を得てくださるならば、母はどんなにか喜ぶことであろう。

（中陰中、月忌の当日しるす）

昭和十八年六月二十四日

著　者

苦の探求［校訂版］　目次

凡例

一、引用文献および本文の漢字は、常用体のあるものは、常用体を使用した。

一、歴史的仮名遣いは、すべて現代仮名遣いに改めた。

一、読みにくい漢字や、当て字などは、平仮名に改めた。

一、聖教の引用は、『真宗聖典』（東本願寺出版部刊）によった。

一、『真宗聖典』は、「聖典」と略記し、引用の頁数を付した。

苦の探究〔校訂版〕

一、出離の道

『仏説観無量寿経《ぶっせつかんむりょうじゅきょう》』という経典には、釈尊が韋提希《いだいけ》夫人《ぶにん》に対して、これから苦悩を除く法を、くわしく説かんと申されて、

　分別解説《ふんべつげせつ》、除苦悩法《じょくのうほう》（苦悩を除く法を分別し解説したまう）

（聖典一〇〇〜一〇一頁）

とあります通り、仏教とは私ども人間の身が苦しみ、心が悩んで困っているものに対して、その苦悩を除去し消滅する方法を教えてくださったのであります。

人間苦と申しましょうか、人生苦と申しましょうか、とにかく、人として身心に悩みをもたないものはないのであって、このままで十分であり幸福であるならば、じたばたせずともよいのですが、朝から晩まで、あれこれと苦心し努力しているのは、それは皆、このままでおっては身が苦しい、心が悩ましいからであって、それがために、何とかして身心の安楽幸福を望んで止まないのであります。

何が苦しいのか、何が悩ましいのかというと、それは種々様々であって、あまりに多いためにこれと指し示すことができないような有様であり、あらゆることが皆ことごとく悩ましいといわねばならぬほどであります。

家も欲《ほ》しい、金も欲しい、美食もしたい、名誉も欲しい、地位も欲しい、欲しいものだらけであって、それらが思うように得られないために、心が悩み身が苦しいのであります。その反対に欲しくないものがあるために困るという苦悩もあります。病気もその一つであり、嫌いな者憎い人と一所に暮らさねばならぬのもその一つであり、つまり、有ってほしいものが得られず、有ってほしくないものがあって困るという状態が私どもの苦悩であります。かくのごとく数え切れない沢山の苦悩がありますから、それらのすべてがなくなりたいということを、仏教では「出離生死《しゅつりしょうじ》」というのであります。

出離生死などと聞くと、人間離れがしているように思ったり、現実離れがしていることのように考える人がありますが、仏教、特に真宗の目的は、生死を出離することであると、一口に知らされているのであります。それは、数え切れないほどの苦悩問題を、一つ一つ手にかけておっては果てしがないことであり、いつ苦悩がなくなって安心安楽の幸福が得られるという見当がつかないのですから、かかるすべての苦悩の根幹をなす生死というものを無くすればよいということであります。根本のらちがあかねば、枝葉の無くなる時がないからであります。すなわち「生死」という根本がなくならねば、そこから生じている千万の苦悩のなくなる方法はないのであります。

生死とは詳《くわ》しく説明すれば種々の意味もありますが、簡単にいえば、苦の総称であります。生とは生まれるということであり、死とは死するということであって、生まれた限りには生きてゆかねばならぬということがついてくるのであって、生きてゆき暮らしてゆくについて、そこからいろいろの問題が起こって複雑多端なる種々の苦悩が生じてくるのです。そして生者必滅《しょうじゃひつめつ》といわれているように、生あるものは必ず死に帰するのであります。それはいやでも嫌いでも生まれた限り付き添うていて、影のようなものであります。なるべく忘れて暮らそうとしたり、考えまいとしたりしますけれども、忘れようとしたり考えまいとするから、一層死ということは苦悩となってせまってくるのです。逃げたり忘れたりするよりも、これに対する処置方法を講じなければならぬのであります。ともかくも、一切の苦悩の根本は生と死との二つであって、そこから種々雑多な苦悩が生じているのであります。それゆえに生まれて生きてゆくことが苦悩の始めであって、死はその終わりであり、その中間に漂《ただよ》い流れているのが現在の自分というものであり、外に眺むれば人生というものであって、人生にある間、自分というものは生に悩まされ、死に悩まされて苦しみを続けているのでありまます。これを生死《しょうじ》の苦海《くかい》というのであって、苦海に漂える自分というものから、生の苦と死の苦との一切を取り除きたいということが、仏教、特に真宗の教えるところであります。

出離という言葉は、生死の苦を除去するというよりも、生死という苦の境界《きょうがい》から出で離れるということであります。即ち生に悩まされなくなることであり、死に悩まされないようになるということであります。先に申しましたように、苦悩を除く法というと、苦悩というものを取り捨てるように聞こえて、形のある塊《かたまり》のように思えますけれども、苦悩というものは形のあるものではなく、心に関することですから、生死の苦の境地から出で離れるということです。

私どもは普通に、金とか人とかという形のある物が自分を苦しめていると思っています。したがって、その物を取り除きたいとか、これを得たいとかと、あまりに物に眼がつき過ぎているのです。苦悩とか安楽とかいうものは、物についているように見えますけれども、実は心一つに依るのですから、これについて悩む心を無くするということが、根本問題であることを見逃してはならないのであります。つまり苦悩というものは、物についているものではないのに、物についているように思い間違っているのですが、実は自分の心についていることを見逃しているのであります。

わが親鸞聖人は、生死ということを詳しくいうと、生老病死《しょうろうびょうし》の四苦ということであると知らしてくださっているのです。この生苦と老苦と病苦と死苦というものは、万人に共通し所有している苦悩であって、他のいろいろの苦悩は、彼にはあるが我にはないということもありますが、一切の苦悩の根本である生老病死の四苦は共通のものであって、誰一人として所有しておらないものはないのみならず、一切の苦悩はここから生じているのであります。これをどうして無くするかが幸不幸の分かれるところであり、苦悩と安楽の分かれるところであります。そうですから、いかにして苦悩を無くするかという問題は、生老病死の四苦を無くすればいいということになるのでありコます。それゆえ、この四苦をいかにして無くするかということについて、即ちいかにして四苦を出離するかということについて、少しく話してみたいと思うのであります。

二、人間苦の解剖─生老病死─

一

生老病死の四苦とは、生きてゆく苦悩と、老いてゆく苦悩と、病気についての苦悩と、死についての苦悩であります。

なお生苦の中には、名を得たい利を得たいために苦悩したり、得られないために苦悩したり、得られ過ぎて苦悩することもあります。その他、愛別離苦ということも、求不得苦《ぐふとくく》ということも、怨憎会苦《おんぞうえく》ということも、五陰盛苦《ごおんじょうく》ということも、かかる四苦も、みなこの中の出来事であります。多くの人はこれを自力によって取り除こうとしているのであって、そして老苦も病苦も、そして死苦さえも、自力で除去せんと企てているのであります。また取り除けられるものと考えているのであります。それがために、その目的がどうしても達せられない場合、煩悶の極みには、ついに迷信ともなってゆくのであります。目的を達する正しい道理にそむいて、成らぬことを成ると信じているから迷信というのであります。だから自力も迷信であります。

親鸞聖人は、弥陀の本願を信ずる他力信というものこそ、横超断四流《おうちょうだんしる》といって、信は横に速やかに四流を超断する利益《りやく》があると喜んでいられるのです。四流を超断するとは、生苦の流れと、老苦の流れと、病苦の流れと、死苦の流れとを横に超断せしめられることであって、信によって四流を出離することができると教えられているのです。即ち、信こそは苦悩を除く法であるということであります。他力信心ということ以外に、どこに出離生死の道や方法があるかということであります。

私ども人間は、生まれ出でて数年すると人間らしい意識をもつようになりますが、そうすると、生命が大事になってきて、生存欲（いきてゆきたい）というものが、自覚されてくるのであります。否《いな》、自覚しなくとも無自覚であっても、ただ何となく生命を大事に生存（いきていること）を願いつつ、何としても生きてゆかねばならぬ、生きてゆこうとする念願に萌えてくるものであります。あに人間ばかりではありません、鳥でも虫でも生命が大事であって、生存（いきていること）を続けてゆきたい強い欲望をもっているものであります。即ち生の愛念であります。それがために生の反対である死を恐れ、死を避け死を免れようという心が強く起こってくるのであります。生命に対する愛念が強いほど、死を嫌悪するようになるのであって、生を望み死を憎むのであります。多くの人が生存に関することばかり考えて、死に関しては考えようとしないのは、それは決して死に対して平気であるからではなく、あまりに嫌いでありあまりにも恐ろしいものだから、それがために、なるべく考えないようにし、忘れておるように努めているのであります。それほどまでに、生を愛し生存のみを願うているのであります。

そうですから、問題は生と死との二つに尽きるのであります。生老病死とはいうものの、老も病も死もこれらの苦は、生きてゆきたい念願と矛盾するから苦となるのであります。死は憎いものであって、死が厭わしい恐ろしいというのは、生の反逆であり、生存を破壊するからであります。老ということも、それを考えることすら苦しいというのは、それが生の障碍物であって生きてゆく進路を妨げるものであるからであります。病ということも生存の妨害物であって、生きてゆきたい、生存しておりたい、朗らかによりよく生きてゆきたいという、燃ゆるがごとき念願の妨げとなって、生命を危うくし、生存を苦しくするからであります。しかれば、生老病死の四苦といいますけれども、老苦も病苦も死苦も、この三者は生苦一つの中に入ってしまうのであります。生きてゆきたい、よりよく生きてゆきたい、長く生存したい、願わくば永遠に生きておりたいと、生の完《まった》き念願の前程《ゆくさき》をさえぎるものでありますから、生き苦しさを感じてくるのであります。それゆえに老病死の三苦も、実は生苦の一つであるともいえるのであります。

それゆえに、人間としての念願は老苦がなくなって生きてゆきたいのであり、病苦というものがなくて生きてゆきたいのであり、死という苦をなくして生きてゆきたいのであり、長らえて苦悩なく生きてゆきたいという念願をもっているのであります。

老苦も病苦も死苦も、生の一部であると申しましたが、生きてゆくについては、言葉でいう時は簡単でありましても、いまだ実地に生きてゆこうとしない人、人生の旅に発足しない人には、ともかく実地に歩み出してみるというと、なかなか難渋《なんじゅう》なものであって、老苦、病苦、死苦などは未だ味わわなくとも、生きてゆくこと生存を続けてゆくということについては、実に多難なことが多くやってくるのであって、それらを切り抜け、くぐりぬけ、堪え忍び、勉め励みて、泣いたり、悲しんだりすることに出合わねばならぬのであって、なかなか並大抵でないものが実人生というものでありま す。即ち、愛別離苦ということも、怨憎会苦ということも、五陰盛苦ということも、求不得苦ということにも出合うのでありまして、これらに出合って、すべてこれらに対して、よく処理してゆかないことには、生きてゆくということはできないのであり、常にうまく処理できずして生きてゆきにくいものだから、不幸を感ずるのであります。

常に、うまく処理してゆくことが難しく、生きてゆきにくいものだから不幸を感ずるのであって、何とかしてより幸福に生きてゆきたい念願がしきりに出てくるのであり、幸福というものが、ひたすらに願い望まれてくるのであります。幸福でありたいありたいと常に念願しているということは、実に幸福になりたいけれども、なれないなれないと呻吟していることであります。

しかしながら、せっかく人生に生まれてきたからには、また完全なる生を念願しているからには、生の念願に対して反逆する苦というものを一切取り除きたいものであります。完全なる生の念願の前には、老苦もなくなりたいのであり、病苦も、死苦も、愛別離苦も、怨憎会苦も、求不得苦も、五陰盛苦も、苦と名のつくものは一切無くなりたいのであります。

かかる要求念願の満たさるる道を教えられたのが真宗であって、それら一切の苦をなくせしめんとの大慈悲者が阿弥陀仏であり、阿弥陀仏の本願は、信によって、かかる苦悩を除去して大安楽、大幸福たらしめて、朗らかなる生を享受せしめんとしていられるのであります。

二

仏教は何を教えるかという問いに答えて、私は苦悩を除く法を教えるのであると申しました。苦悩を除くということは真の幸福を得せしむることであります。そしてその苦とは一切の人生苦であって、それを詳《くわ》しくいえば、生死《しょうじ》の苦であり、この苦を分析すれば、生に関する苦と死に関する苦の二つとなるのであります。生に関する苦とは生きてゆくについての苦であり、死に関する苦とは死んではならぬという死を恐れる苦であります。

この二つの苦をなお分析すれば、生きてゆくについても、老苦と病苦と死苦とが含まれておるのであり、また死を厭うについても生苦と老苦と病苦というものが生じてくるのであります。もっと分析すれば、生苦のなかには愛別離苦と怨憎会苦と求不得苦と五陰盛苦という種々様々の苦が分かれるのであり、また死苦のなかにも愛別離苦と怨憎会苦と求不得苦と五陰盛苦とがあるのであります。すなわちこの四つの苦は、自分を死に急がしめ死に向かわしめ、死に近づかしめるものとなるからであります。

くどくどしく繰り返して申しましたが、一言に苦を除くというと簡単に聞こえますけれども、その苦というものは、実は以上の八苦でありまして、人間としてこの八苦にせまられておらないものは一人もないのであります。それゆえ、その全体が除滅されないかぎり真の安楽幸福とはならないのであります。それゆえに「除苦悩法」と申されたその苦悩とは、人生一切の苦悩であることを知らねばならぬのであります。八苦をつづめれば生老病死の四苦となり、四苦は生苦と死苦との二苦となり、その二苦はまた一つの苦となるのであって、それを「除苦悩法」と一言に申されたのであることを知らねばならぬのであります。さればこそ「除苦悩法」とあって、苦悩をなくして安楽ならしむると申されたことは、人生一切の苦悩を助け救うて安楽幸福ならしめられることとであります。かく一切の人生苦全体を統一して除苦悩法と申されたことをよくよく心得ねばならぬのであります。それゆえに苦悩を除く法として本願他力の信仰を説かれたのであって、他力信によって生死の苦がたすかり、生老病死の四苦と愛別離苦と怨憎会苦と求不得苦と五陰盛苦との四苦、合していえば八苦がたすかるのであります。

しかるに、もしかかる統一した意味が解っておらないというと、種々の人生苦というものを分裂して考え、その一、二をたすかる法であると考えるようになるのでありまず。それでは生苦がたすかって無くなったと喜んでいても老苦があったり、病苦が無くなっても死苦があったり、愛別離苦がなくなっても怨憎会苦があったり、怨憎会苦がなくなっても五陰盛苦があったり、五陰盛苦がなくなっても求不得苦があったりして、いかにたすかったと喜んでみても、それは人生苦の一部であるその事だけであって、他の事が沢山たすからずに残っていて、次から次へと種々多様な苦が迫《せま》って来て、苦は「色かゆる松風の音」といった風情で、たすかったという喜びも暫時の息休めにとどまって、一向「除苦悩法」の喜びはないのであり、ちっとも真の幸福の味が出てこないこととなるのであります。

如来の本願を信ずる他力信ということは、最もつづめていえば、生苦と死苦との生死の苦がなくなることであって、それは四苦八苦のすべてがたすかることであるから、これを親鸞聖人は、

生死に処して疲厭《ひえん》なけん、（「信巻」聖典二三二頁）

と喜ばれたのであります。信によって生に処してゆく力が与えられて、生苦に疲れて悩むことがなくなり、死苦を恐れ厭い苦しむことがなくなったということであり、生苦来たれば能く生苦に処してゆき、死苦来たらば死苦に処してゆく力を与えられるということであり、生に処し死に処してゆくことが出来れば、八苦に処して八苦がなくなるのであります。それゆえに「信」は唯一の「除苦悩法」であるが、その信たるや、

それが邪信であったり、偽信であったり、仮信であったならば、そういう力はないのであるから正信とも真実信心とも申されて、軽々しく考えて誤ってはならぬと、信について慇懃丁寧に注意せられているのであります。

親鸞聖人は「除苦悩法」はただ他力によると釈尊から教えられたことを喜び、他力信心をすすめていられるのですけれども、それがどうも私どもには信じ難いのであります。

そこで、自分の苦悩のたすかる方法が、他力に依るか自力に依るかということが問題となるのであります。一般人の多くは、人生の苦悩を自力によって除滅せんとしているのであります。また自力によって除滅し得ると信じているのであります。

たとえば生苦についてであります。もちろん、今いう生苦とは八苦中の一としての生苦についてであります。生苦とは生活苦というてもよろしい。また生活難といってもよろしい。最も恐ろしき切実な問題は生活問題であります。生きてゆくには、善く生きてゆくには、幸福安楽に生きてゆくには、この間に種々の問題がありますけれども、生活するについての難問題の十中の九分までは、否、百中の九十九までは、金で苦が取り去られることであり、安楽が得られるものですから、百人は百人ながら金が欲しい金が欲しいと思っているのであります。即ち名利《みょうり》の二つを得ようとして努力しているのであります。名利は二と見えますけれども、名と利とは実は一つでありまして、人によって利養心《りようしん》の強い人と名聞心《みょうもんしん》の強い人とはありますけれども、それは右から廻るか左からゆくかの相違であって、同じ自我欲の二面であります。即ち直接には財を得たいという利養心であって、利益が得られても満足できずに名聞の欲念が起こるのであります。その満足を得んがためには金をもって名誉を買わんとして、種々様々に努力していることとさえあります。名聞心の強い人といっても、名聞の高まるところには、必ず人望があり権勢があり自由があって、人望があり権力があり自由が得られるところには、必然と利益が来ることを暗々裏に予想しているのですから、名聞心というものも結局は利養心が根本となっているのであります。それゆえに自力的の「除苦悩法」としては、名利生活の人生努力となっているのであります。そして誰人も、それを不正とも誤解とも思わずして、自他ともに極めて平気なのであり、誰一人として怪しむものもないのであります。果たしてそれでよいのでしょうか。またそれだけで真の「除苦悩法」といえるのでありましょうか。

三

生苦ということには種々の意味が含まれておりまして、生活苦または人生苦とも、生活難という意味も含まれておりましょうが、生苦ですから生きてゆく苦しみ、生き苦しいという意味とみてもよろしい。生き苦しいのが人生であり、現在の我々の状態であります。

しかし、何が故に生き苦しいのかといえば、私どもが生存してゆくについては、五欲といって五つの欲念を常に抱いておって、この欲望を満足せしめたいと願っておるのであって、それが満足せられないために生き苦しい悩みを感じているのであります。五欲とは財欲と名欲《みょうよく》と色欲と飲食欲と睡眠欲との五つであります。普通に仏教では人間生活を五欲の生活と申されているのです。ともすると五欲の生活は、欲の生活であるから迷いの生活であるとか、悪い心の生活であるとか、穢れた生活であるといわれておって、さげすんだり嫌われたりしますが、何といっても現に人間と生まれた以上は、身分の尊い人であっても賤しい人であっても、上下男女の差別なく人間としては、生まれついてそなえている心であって、悪いといわれても何といわれても、現に具有している欲念でありまして、どうすることも出来ないのであります、これは本能的の欲望としてすべての人間がもって生まれているのであります。

財欲とは、財産を得たい蓄えたいという念願欲望であります。

名欲とは、名聞が高くなりたい、人から誉められたいという念願欲望であります。幼い子供でも誉められることを喜ぶのは、本能的に名聞欲があるからであります。

色欲とは、異性間の性欲であります。一切の生物がすべてこの欲念をそなえておるように、人間も「男女七歳にして席を交えず」という教訓もあるごとく、それが青年となり壮年となりいよいよ強盛《ごうじょう》になるものであって、孔子が「若くして慎むこと闘いにあり、中年にして慎むこと色にあり、老年にして慎むこと欲にあり」といわれたと聞いておりますが、若い者は闘心が熾《さか》んであり、中年には色欲が熾《さか》んであり、老年になると財欲が深くなると申されたのは、皆本然にそなえている性質であって、注意をしないと、その欲念に囚われ、常道を脱線して、苦悩と不幸とに陥りやすいのであります。

飲食欲とは、食欲であります。人間の欲念として最も強烈なるものは、色欲と食欲との二つであるといわれているくらいであります。もとより飲食せずに生きてゆけないのは解《わか》ったことですけれども、必要以上に、または必要でなくても、ただ食いたい飲みたいという一種の欲望であります。生きるために食うというなら解っていますが、病気になることは解っていても、また食ってはならぬ死ぬぞといわれても、死んでもかまわぬと思うほどの欲念であります。

睡眠欲とは、これはちょっと考えては、さほどの欲念でもないようでありますけれども、とくと考えますと、朝が起きにくいというのは睡眠欲が満足せられない苦痛であり、睡眠を欲念しているのであります。昼でも眠いと思うことがあり、夜は無論早く睡眠をとりたいと念願し、あるいはどうぞ安眠が得られるようにと念願し、安眠ができなかったとか睡眠が足りなかったとかと、常に睡眠ということは労作の休養という意味以上に、常に欲念しているものであります。

眠たい時には「馬に積んだる金もいや」という通り、戦場に出ても睡眠が足りなくなると、弾丸に当たってもよいと敵の前で眠ってしまうそうであります。

生存の欲望には、必ずこの五つの欲望がついているのであって、この五欲を得たい満たしたいと念願しているのが、人間生活の欲求であって、普通にこの五欲の満足されないことが私どもに生き苦しさを与え、生苦を感ぜしめているのであります。それゆえにかかる生苦を除去せんとすることが、生活の努力となっているのであります。

四

五欲は、人間の本来もって生まれた欲念でありますから、あながちに悪いというのではありませんが、それが五欲といって嫌われているのは、この欲念があまりに強いものであるために、それに引きずられて、貪欲《とんよく》の凡夫《ぼんぶ》でありますからひたすら貪って、正しく処理してゆくことを誤り、脱線することがありがちとなるからであります。

睡眠を適当にとるということは、疲労を回復して新しき力を生ずるのであり、精神と身体との休養となり、また安楽の快感をも得るものであって、是非ともなくてはならぬものであり、尊いものであります。しかし休養ばかりしていては怠慢となり、睡欲の欲望ばかりを楽しみとしておっては、真の幸福の日は来たらないのみならず、現在の生活を破壊することともなって、苦悩の根源がここにきざすからであります。

飲食欲といいますのは、生きんとするにはまず第一に飲みもし食いもしなければならぬのであって、生きるためには、この欲念はなくてはならぬものであり、身体を養い精神を養う労作活動の源泉ですから、大切なものであります。働くために食うか食うために働くかと、よくいいますけれども、働くためにも食わねばならず、食うためにも働かねばならぬのであって、どっちからいっても飲食ということは大事なことであります。しかしながら、欲と名のつくくらいですから、必要不必要の問題を超えて、飲食の欲念のためには何事も考えなくなって、ただ飲食を貪り享楽するようになります。それではかえって飲食の欲念が、私どもの身体と生活を苦悩に導くこととなりますから、仏はそれを戒められたのであります。

色欲といっても同様であります。男女が本能の性欲のために、配偶者を得て互いに愛し互いに助けて、子孫をもって暮らしてゆくということは、真面目に考えるならば大事なことでありますけれども、性欲のために享楽的に盲目的に進んでゆくようになっては、生きるため幸福のためにと思った人生を不幸にし、死に急ぐような結果とさえなる恐ろしさを含んでおるものですから深くこれを戒められているのであります。

名欲も財欲も同様であって繰り返すまでもありますまい。名を得たいと願う本能の欲求もありましょうが、そこには自然に利が得られるという欲念もついていて、名欲財欲と申しましても、実は一つの欲心であって、財欲も名欲を伴い、名欲も財欲を伴うものであります。

つまりかかる五欲を満足させたいのが生活中の念願であって、普通には、それが得られることを安楽幸福と考えているのであります。その代わりにこの五欲が果たされず満足させられない時には、生き苦しさを感じて苦悩するのであります。

そこで最後は金ということになるのであります。金は私どもの本能としての五欲の念願を果たさすものでありまして、金があれば衣も食も住も整えることが出来て、生活を保障し生存の欲望を果たさせますから、金は財産欲を満足さすものであります。

また金によって名を得、名を挙げるためのいろいろの準備ができることであり、金によって名を買うことさえ出来る場合があります。また金があればこそ結婚生活ができ、夫婦生活が出来るのであります。金がなくては飲食欲を満足させることが出来ず、金がなくては安心して睡眠欲を満たすことも出来ないのですから、金は五欲を満足せしむる基礎となるものであって、「金は力なり」といわれているように、金によってどこまでかは満足できますから、人のすべて、世界のすべてが口に言うと言わざるとの相違こそあれ、金を大切にし金を得んとして、命がけになってこれを求めているのでありませす。それゆえ、五欲生活の不満の苦悩を除くものは金であると考えるのも無理ではありません。

五

しかるに、五欲を悪いと申されるのは、何故でしょうか。五欲は生まれながらにもっている欲念であって、この欲念なしには生きてゆけないのが人間であり、それが満足されねば、苦悩を感じ不幸を感ずるのであり、これを満足することによってこの苦悩から免れることができ、安楽と幸福を感ずるのに、何故五欲が悪いのでしょうか。それは、私ども凡夫は、この強い欲望である五欲を満たすことを真の幸福であると思い、この五欲が満足せられないことを不幸であると思い込んで、一生懸命に、五欲さえ満足すればよいと思い込むところに、誤りがあるということを知らされたのであります。

それは、心静かに考え直さねばならぬことであります。財欲が強いからといって、金を得て財欲を満たせば、それで本当に真の幸福が得られるのであるかどうかということを、静かに考えねばなりません。衣食住の三つが得られないならば、それは苦悩であるに相違ありません。しかしながら衣食住の諸種が満足せられたら、それで一心は苦悩なく真に幸福ということになれるのでしょうか。欲には限りがなく、いくら思うようになってみても、貪欲が出てきて満足するときがないのが財欲心というものであって、実際には満足すること安心することがいつまで経ってもこないのであります。思うようになってさえ左様《さよう》であります。しかるに、実際はそれさえ思うように得られるものでなく、多くの人は財欲が満足できないために、いつまでも困っているのであって、もうこれで十分であると安心したり喜んだりしている人に出会ったことがないのであります。

名聞欲であっても同じことです。人から豪《えら》いといわれたい、感心せられたい、誉められたいと欲求しておりますが、たとい人から誉められ羨まれても、それで自分の内心は本当に満足したか、真に幸福を感じたか、それでほかに何もいうことはないかというと、苦悩は決して無くなったのではありません。いやが上にも欲求しているのですから、実際は満足するときがないのであります。財欲も名欲もそれが得られず満たされない時には苦悩を感じ、たとい得られても満足せず、安心せず、真の幸福にはなかなかならないのであります。

異性を求め異性を得るためには、非常なる苦悩をしたり努力をしたりして、時には生きるために求めたにもかかわらず、死を招くことさえあるのです。満たされねば悩むけれども、満たされて真に幸福を感じている人が幾人あるかといってよいのでありますまなくては困るが有っても困っているのではありませんか。飲食欲でもそうです。

必要以上に贅沢に、思う存分に満たしたいと念願しており、満たされざるを不幸として歎いておりますけれども、十分に満たされた結果は多く不幸となっているのであります。満たされねば苦しいが、満たされても、さして幸福でないというのが、その結果ではありませんか。

睡眠欲でも、安んじて睡眠が出来ない時には苦悩しますが、満たされても当然であり、またあまりに貪っても身心を害して不幸に陥っている人さえ多いのであります。

かくのごとく、五欲の念願は適当に満たされることは生存上必要なものですけれども、あくまでも貪求するところに、いつもかえって苦悩を醸《かも》しているのであります。それゆえに、五欲を満たすことが出来ないでは苦悩を感ずるが、これらを満たせば、それで苦悩がなくなると即定してかかるのは、大なる誤りであることがほぼ了解のゆくことであろうと思います。しからば、五欲満足ということに畢生の努力を払うというだけでは、真に幸福に達する道ではなく、また真に苦悩をなくする法でもない。真に苦悩をなくする法は、もっとほかにあるのであって、五欲満足だけを念願としても、それでは苦悩を無くして安楽幸福に達するものではないということを、篤《とく》と心得ねばならぬのであります。そうでないならば一生の努力労作は何の効もなく、「除苦悩法」を求めつつ、ついに得られずして一生苦悩に終わらねばならぬこととなるのであります。

六

人間生活の欲望として、五欲の生活のことを述べましたが、普通の人間生活は、何といっても五欲の念願よりもたない生活であります。五欲が満足せられないところから苦悩生活となり、それがどこまでか満足せられたのを幸福と感じ安楽と思うものですが、それもある程度までの満足であって、到底完全に満足することはできないのであります。五欲生活とは、名利と愛欲の生活であるといってもよいのであり、もっとつづめれば名利生活であります。そして名といい利という念願には際限がないのですから、真の満足とか安心安楽ということは望めないこととなるのであって、たといどこまでか獲得できても、なおそのほかに四苦があり八苦があって、真の安楽とか幸福というものは得られずに、どこまでも苦が残っているのであります。四苦とか八苦とかの苦の一つでも残っておると、今までに得た満足も安心も安楽も一切消えてしまって、それが絶えず一つの苦悩となって、それればかりが一天をおおってしまって、そこに苦の世界のみが現れ、実際感としては、ただ苦しいばかり悩ましいばかりとなり、満足の喜びも安楽の幸福感もさっぱりなくなるのであります。要するに、私どもには雑多な欲望念願がありまして、それが果たされないために苦しみ悶えているのでありますが、それらの二、三、四、五がなくなっても、根本の四苦八苦というものが無くならないために常に困っているのであります。

さて、その四苦八苦というものを、どうして除滅するかということでありますが、これには自力的方法、即ち自分の力で無くさんと努力するのと、他力的方法、即ち自分では駄目であるから、自分以外の人とか神とか仏とかの力によって無くそうとする方法との、二つがあることとなるのであります。

最も普通には、人間としては誰でも、自分の知恵や工夫や努力によって、この苦を除去せんと企てているのであります。

たとえていえば、生活難即ち生活苦というものに対しては、種々な問題が出てきますが、それらことごとくを自分の力、即ち自分の考えと努力によってこれを切り開き、除き去ろうと考えるのであります。それはもとより当然な考えでありまして、自分が生きてゆくために、苦悩なく生きてゆくためには、自分で考え自分で働いて、苦を除き安楽を求むべきでありますけれども、窮極は努力をするにもかかわらず、思うようにゆかないので困り悩んでいるのであります。工夫と努力をしてさえうまくゆかないのですから、工夫と努力を怠れば、なおさら都合よくならないのは無論のことであり、一層苦しまねばならなくなるのであります。

それがために、ついには道ならぬ不義理や非理非道な悪心を起こしたり、悪事を考えたり行なったりするようになるのであります。悪心や悪行というものも、その人の意中に入って考えてみるならば、実に無理からぬ点があり、同情すべきやるせない心地から出ていることが往々にあるのであります。多くは途方にくれた苦しさ切なさのあまりに現れてくるのであります。それによって生活苦に対する、人間の力の弱さというものを知ることが出来るのであります。

老苦というものについても同様でありまして、老いれば働けなくなることを予知して、若いときからその準備のために、いかに心と労力とを費やしていることかと思います。しかしながら、老苦はどんどん急ぎ足に進んできて、身体は不自由となり、精神の気力も衰えたり、家庭の者との衝突に苦を感じたり、そこにおいていろいろに気兼ねや苦労をしたり、忍耐の修養をしたり若い者の機嫌をとったり、または衛生に努力したり、薬によって少しでも年をとらぬ工夫をしたりするのであります。もとより身体の衛生も精神の修養も、財力を費やしての防御方法も、これを心がけないよりはどれだけか有効でありましょうが、だからといって老苦をどれだけ除滅することが出来たでありましょうか。むしろ実際においては遠慮なく老苦の波は追いかけ打ち寄せているのであります。

病苦にしましても、日常、病気を厭い恐れて、どれだけ苦しみ悩まされていることかわかりません。肺病の人の近くに寄ってはならぬとか、風邪《かぜ》が伝染してはならぬとか、少しく胸が痛む、腹が痛む、頭が痛むなどといっては、まだ病気と名がつかぬ前から、病について苦しみ悩んでいるのであります。あるいは衛生ということに注意して、自分には病の襲来しないようにと非常に努力している人もあります。衛生は守るべきものでありますけれども、時には衛生ということに過敏になって、恐怖病ともいうべき精神病に悩んでいる人さえあります。

衛生に注意しておっても、なお病気になった時には、医者にかかり薬を用いれば、必ず治ると考えて、この方法によって病苦を除去せんとしているのであります。

人間は病の器なりというように、いかに衛生を厳格に守る人であっても、病気にかからぬと決定することはできないのであります。もちろん、衛生を守らないよりは守った方が病気にかからないのであるといえましょうけれども、衛生を守るから病気には決してならぬと定めることは出来ません。それが人生というものであり、人間というものの約束であります。してみれば、衛生に注意をするから必ず病気を免れるとはいえないのであります。

病気にかかったのを、捨てて置いては無論いけないことですけれども、お医者にかかれば直ちに病気が治り、きっと病苦がなくなるとはいえないのであります。薬がいかほどあっても、病気は治る時も治らない時もあるのであります。薬の力もお医者の力も、それは絶対な力ではありません。しかるに病気になってもお金を沢山費やして、名医を迎え薬を自由に用いれば、必ず病苦が去って、医者が病苦を除滅してくれると思い込んでいる人があります。それゆえに、お医者を迎えて病気が思うように去らない時には、薬を恨み医者を怨む人が多いのです、お医者こそはご迷惑なことでありま す。薬の力もお医者の力も、左様《さよう》に自由に病苦を除く力をもっているものではなく、実は病苦の深くならない注意と補助をしてくださるのであります。もしお医者と薬によって自由に病苦が除滅できるものであるならば、若くて死ぬ人もなく、病苦に泣いている人も無いはずであります。しかるに泣いている人が多くあるということは、思うように病苦が除去できないからであります。

死苦を無くする方法はもとよりありませんが、にもかかわらず、死の苦から免れようとして日常、いかに吾人の努力していることかを思います。すなわち少しでもこの苦を遠ざけんとしているのであります。衛生により医者により薬により、あらゆる方法によって、死に対する苦悩を無くしようとしているのでありますが、事実はこれに反して、日々死につつあるのであります。老いも若きも、健康を自信せる人も病弱者も、毎日どしどし死につつあるのであって、死苦を免れたという人は一人もないのでありますす。死苦に対しては人間の知恵も工夫も努力も、何の効もないのであります。人間の力に負えないようになると、これを神仏に祈って人間以上の方の力を借りようとしますけれども、やはり事実は死苦をどうすることもできないのであります。神仏の力によって死苦を免れるとか、免れたといっていますが、それは死ななかったから生き残ったということであって、死は人間の願いのごとく自由になるものではありません。もし自由になるものならば死ぬものは一人もないわけであります。寿命が延びたと考えることはできますが、死苦が無くなるのではありません。生き残ったのならば、依然として死苦も残っているのであって、どうにもなったわけではありません。

七

普通一般には、かく生苦と老苦《ろうく》と病苦と死苦との四流を、自力によって超断しようと願い企てているのでありますが、ついに、それは不可能の歎に帰するのであります。

そこに人生の悲哀が失せないのであります。

申すまでもなく、生活苦というものは、自力努力の精励によって、どこまでか、またどれだけかは、除去することが出来るのは事実であります。それまでを不可能として否定するのではありません。

ちょうど扇子をさかさまにしますと、扇の要は上になってその下に十三本の骨があり、その下には地紙があって、そこが最も広いのであります。そのように、自力努力によって四苦がなくなると考えている考え方は、最も多く最も広き地紙の部分での考えであり、かかる普通一般の考えはその位置での考えであります。不可能という骨はかくれて、可能の地紙ばかり見えているのであります。そして自力では不可能であるという考えは、十三本の骨の位置での話であります。

老苦も努力をすれば無くなるというのは、幾分無くすることが出来るということであって、多少なくなるということも事実ではありますけれども、それがどこまでなくすることができるかと厳密に考えますと、無くならぬ部分が沢山あるのであります。それゆえに自力で除滅することができるということは、一般論であって究極論ではありません。それゆえ病苦でも死苦でも自力努力によって無くすることができるように見えますけれども、よく押しつめて考えてみると、除滅することは出来ないといわねばならぬこととなるのであります。

しかるに、もし自力によって生老病死の四苦を無くすることが出来ると強いて思い込むならば、もしそれが無くならぬ場合には悲観落胆《らくたん》せねばならぬこととなるのであります。しかるにそれを無理に成り立たそうとするために悪い心を起こしたり、悪い行為をやらねばならぬこととなって、それがために心痛して病気になったり、悔しさのあまりには自殺したりするようになるのであります。自殺は多くの場合、自力の過信から生ずる結果であるようであります。初めは生の念願であり除苦悩の念願であり、安楽幸福を願うたのであったが、その結果は反対に、自分をますます苦しめて、生の代わりに死を選ばねばならぬような矛盾に到達したのであります。

かくのごとく「除苦悩法」としての吾人畢生の念願が、自力によって果たし遂げられないとしたら一体どうしたらよいのでしょうか。私どもは静かに考え直さねばなりません。

八

くどくどしく申してきましたが、もう一度まとめて申してみたいと思います。『目《もく》連所問経《れんしょもんきょう》』には、

仏目連にのたまわく、たとえば、万川長流に、草木あって、前は後ろを顧みず、後ろは前を顧みず、すべて大海に会するが如し。世間もまたしかなり。豪貴富楽《ごうきふらく》、自在なること有りといえども、悉く生老病死を免れることを得ず。

とありまして、それは人生の相であります。草木が万川の流れに漂うているがごとく、ちょうど洪水の時に水面に漂うて流れてゆく草木のごとく、前に流れる者と後ろに流れる者とは、何の関係もないような顔をして、ただもう、どんどんと大海をさして流れゆくように、人間も前の者が後ろの者をどうすることも出来ず、後ろの者が前をどうすることもなく、生老病死の四苦をもったなりに、生老病死の四流に押し流されてゆくだけのことであります。これが人生の真の相であります。

豪《えら》くなったとか、貴い位になったとか、富裕になったとか、楽しみが自由に得られるといって喜び、幸福であるとか安楽であるとかいっておりますけれども、それは要するに、名と利とが自由になり自在になったということでありまして、外見では一切の苦悩が無くなったように人からも見え、自分にも思うていますけれども、よくよく考え直してみると、生老病死の四流に流され漂うているのであって、四流に漂うているかぎり、四苦は免れることが出来ないのであり、四苦が免れられないかぎり、それは真の幸福、真の安楽ではなく、苦悩が除去されたのではありません。

また豪くなりたいと思って悩んでいたその苦悩はなくなったでありましょうけれども、それだけの満足が得られただけであって、四苦が無くなったのではありません。

賤しき身分であったという苦しみと悩みは、貴き身分になり立身出世したことによって無くなったかも知れないが、四苦はそのままで流れているのであります。

貧の苦悩は富裕となったことによって無くなったかも知れないが、四流はもとのままであります。

楽しみが自在に得られるようになったといいましても、畢竟は五欲がどれだけか満足したに過ぎぬのであって、生老病死の根本苦はどうなったのでもありません。そうですから、真実の安心とか幸福とかいうものが得られたのではありません。

生老病死の四苦は人生の根本苦でありまして、この根本苦から種々様々な枝葉の苦悩が生じているのであります。この生老病死の四苦をもっと精《くわ》しく説けば、八苦となるのでありまして、八苦というのは生老病死の四苦に求不得苦と怨憎会苦と愛別離苦と五陰盛苦との四を加えて八苦というのであります。それゆえ、八苦とは人生一切の苦ということであります。またこれを略して『経』には五苦と申されていることもあります。五苦という時は、生老病死の四苦の上に、愛別離苦を加えて五苦と申されるのであります。それは愛別離が他の三苦中最も烈しき苦しみであるから、愛別離をもって代表させてあるのです。あるいはまた、生老病死の四苦を一苦と数えて、愛別離苦と怨憎会苦と求不得苦と五陰盛苦との四苦を加えて五苦と申されていることもありますが、つまりは八苦のことであります。

『観無量寿経《かんむりょうじゅきょう》』には、仏滅後の衆生《しゅじょう》等は濁悪不善《じょくあくふぜん》のために五苦にせめられて助かり難いと申さてれおります。

また『教行信証』「信巻」に、親鸞聖人は善導《ぜんどう》大師の言を引いて、

この五濁《ごじょく》・五苦等は、六道に通じて受けて、未《いま》だ無き者はあらず、常にこれに逼悩《ひつのう》す。

（聖典二一四頁）

と申されていまして、五苦即ち八苦というものは、人間としてはもちろん、六道の衆生で受けない者はないのだと申されているのであります。すなわちこの八苦は人生苦というものであって、この人生苦というものを無くしてやりたいというのが阿弥陀如来の本願であり、大慈大悲の目的なのであります。もとより私どもとしても八苦をもっておる自分が助かりたいのであります。

もしこの苦を受けざる者は、すなわち凡数《ぼんじゅ》の摂《しょう》にあらざるなり、

（「信巻」聖典二一四頁）

とその次に申されてあります。かかる四苦あるいは八苦を自力でなくすることが出来ない者を、救い助けたいとあるのが阿弥陀如来の本願であって、それが除苦悩法即ち苦悩を除く法を説かんと釈尊の申される所以《ゆえん》であります。自力で除去することが出来ないから、五苦八苦があるのであって、若しそれが無いとか、自力でなくなったとい

う者があるならば、その人は、阿弥陀如来に救われる資格がなくなるのであるということであります。五苦があってこれを無くすることが出来ない衆生を救わんとの大慈大悲が阿弥陀如来の本願であります。即ち如来が衆生を救済したまうということは、五苦八苦を救済したまうことであります。

しかれば除苦悩法と申されているときの苦悩とは一語であっても、それは人間の一切苦ということであります。苦悩ということは精《くわ》しくいえば生死の苦と申され、生死の苦といえば一語であるけれども生と死の二つの苦であります。なおそれを精しく分類すれば、生老病死の四苦となるのであり、それをなお精しくいえば五苦とも八苦とも申されるのであります。時には生死の苦といえば、単に死の苦だけのように思うている人がありますが、それならば死苦といえばよいのです。しかるに、生死とある以上は生の苦と死の苦ということであります。また生苦とは、生まれる時の苦しみというように書いてあるお経もありますけれども、生まれる時の苦しみ、死ぬ時の苦しみということではなく、生に対する苦、死に対する苦と見る方が正しいのでありまして、「生死の苦海」とも申されています通り、生まれたから生きており、生きておるかぎり生きてゆかねばならぬのですから、生より死に至るまでの間の生きんがための苦悩を「生死の苦海」と申すのであって、即ち人間界中のあらゆる苦悩ということでありますす。助からずに死ねばそれは直ちに新しき生が始まるのであって、それはまた生死の苦海であります。それゆえに、生苦というものを精しくいえばその中には常に、求不得苦があり、怨憎会苦があり、愛別離苦があり、五陰盛苦があり、老苦の中にも求不得苦と怨憎会苦があり、愛別離苦があり、五陰盛苦があり、病苦の中にもこの四苦があるのであり、死苦の中にもこの四苦があり、実に複雑なものであります。かくのごとく統一して苦ということを味わうとき、信の一念によりて、たすかるということは、これらの苦が、たすかるということであって、その苦とは一切の人生苦であることを示さんとして、『無量寿経』に「除苦悩法」と申されたものであることを、よくよく心得置くべきであります。

三、飽くなき欲求―求不得苦―

一

求不得苦《ぐふとっく》といえば求めて得ざる苦であります。生きてゆくためには財産を求めるのですが、『無量寿経』には、

尊《そん》もなく卑《ひ》もなし。貧もなく富もなし。少長男女《なんにょ》共に銭財を憂《うれ》う。有無同然《うむどうねん》なり。（聖典五八頁）

とあります。老いたるも若きも男も女も、人間である限り尊卑貧富のへだてなく、皆金銭と財産について心配するものであって、つまり有るものも無きものも、同じく憂苦を抱いておるのであるということであります。

田《でん》あれば田を憂《うれ》う。宅《たく》あれば宅を憂う。（聖典五八頁）

田あれば田を憂え、宅あれば宅について心配しているのであって、それは有る者の守護の苦であります。有財の人には財産を失わないように守るということがなかなかの苦労であります。それならば財産が無ければよいのかというと、無ければ、

田《でん》なければまた憂《うれ》えて田あらんと欲《おも》う。宅《たく》なければまた憂えて宅あらんと欲《おも》う。（聖典五八頁）

と苦しむのです。足ることを知らぬものですから、かかる貧しい心は不足ばかりであって、たまたま得ることがあっても、それを失うことがあると一層苦しんで一生懸命に求めます。けれども、自力ではどうにもならないものですから、ただもういらいらして、あれこれと身と心を使うばかり、疲れるばかりであって何の所詮もないのに、ただ苦しみ悩むのであります。

かくのごとく財産があっても心配があって苦しく、財産が無くても心配であって有らんことを求め、求めて得ざる苦しみに常に困っているのが、人間生活の実相であります。

もったものにも生活の苦悩があり、もたぬものにももちろん生活の心配苦悩があり

ます。それが生苦というものです。それは困ったことであって、もったものにはお経に申されるように、現在の財産を無くさないようにという守護の苦というものと、いかに守護してみても散滅《さんめつ》することがあるから、それがもつものの苦悩であります。財産があれば一生の生活には心配は無かろうと、もたぬものから見ると、そう思いますけれども、よくよく聞いてみると、実は少しも安心しておられないそうであって、大きな失敗がくれば、いつ散滅するかも知れないという不安が常にあるのであります。一度の失敗は防げるように考えてあっても、二度三度と続いてやってくるかも知れないのですから、高い樹木ほど風当たりが強くて、低い樹が倒れない時でも、高い樹木は倒れやすいということは、じっと世間の過去を振り返ってみるとよく分かることであります。昔は「三代目には貸家札」といいましたが、現代では変遷が急激になって、ことによると一代に富豪となれる代わりには、一代に散滅失財する人が多いような世の有様であります。それだから有財の人であっても、生活苦はなかなか無くなったといえないのであります。

不安なるがために、種々に苦心したり、工作をして準備をするのですが、もとより、それは必要なことですけれども、それで十分安心することができて、生活の苦悩や心配がなくなったかというと、なかなかそうではありません。人為的の工作ばかりでは苦悩は無くならないのであります。財産を多くもった人は、心配しだすと、夜中安眠ができないということです。そこには無理があるからであります。自力で守り得ると思い込んでいるからであります。できるだけは守護の方法を講じ、散滅しないようにしているのでしょうが、人力の如何とも成し能わざる場合が生じてくることを忘れているからであります。それゆえ真に安心せんとするならば、どうしても、有るものを失うてもよいという覚悟がなければならぬのであります。しかるに我々は是非とも失わぬようにとばかり思っているのであります。失うては困ると思うのです。財産を失えば不名誉であるけれども、散滅の避くべからざる場合には、甘んじて受け得る覚悟がなくては、不安の苦悩は無くならないのであります。もとより無くなれば生活が続けられなくなるのであり、生活が続けられなくなれば死んでゆくのであります。この事は誰がどうすることもできないことであります。それゆえに一歩進めていえば、死んでもいいという覚悟がなければならぬのであります。

不安心配の苦悩を押しすすめて、是非とも死までを計算に入れるに至らねば、真の除苦悩法は得られないものであり、安心も幸福も得られないのであります。

無きものには、求めて得ざる苦が初めからあるのであります。無ければ生活に困りますから、生きてゆくためには働いて、相当に有るものとならねばならぬことは、申すまでもないことであります。無いものは不足の苦があるのみならず、生活を支えることが続くかどうかという、目下の心痛が常にありますから、是非とも有りたいという念願から、種々に工作しつつその日その日を過ごすその日暮らしであって、いつ現状が相続しなくなるかも知れないという心配が絶えないのです。それゆえ是非とも、支持相続ができなければ死ぬるという覚悟までゆかなくてはならぬのであります。

それゆえに有るものが、いつまでも財を守護して失わぬようにしようとばかり考えておるのはそこに無理があるのであります。しかるに無きものが多くをもつようになって、安心しようとするのにも無理があります。有るものは、無くなってもよい、死んでもよいという心力がなくては、現在に安心することはできないのです。無きものも、無くてもよい、死んでもよいと覚悟する心力なしには、永久に生苦のなくなることはなく、安心と幸福にはめぐり遇えないのであります。

有るものが、ただ永久に失わないようにとばかり考えているならば、つまりは心配ばかり強くなって、気が変になってしまうでありましょう。そんな実例も沢山あります。無きものは得たい得たいと求める心ばかり強いものですから、ついには人を呪い、世を呪い、己を呪うて、人世をはかなんで死んでゆく人ができたりします。あるいは変な神を信じて財産が得られるということに迷わされて、献金すれば倍額にして返してくださるなどと、正気の沙汰とは思えないほどの信仰になったりするのであります。ここまでゆくと思想国難を憂えざるを得なくなります。

二

貧乏な生活をした人は仕合《しあわ》せであります。貧窮が自然に教育をしてくれて、正しく道をたどった人と同様な境地をもつに至るものであります。十幾歳の時に裸一貫で丁《でっ》稚《ち》に来て、一代の労苦の結果、財産を得たというような人は、元来が零ですから、有る物が無くなってもよいという覚悟があるものであります。それゆえ、登ることもできるが降りることもできるという、一種の力を得ておるものですから、案外に思い切って活躍することのできる力をもっており、守護の苦が薄く、散滅の苦が少ないのでありまます。しかし、それでも不用意な人は、一旦、有財者となると、財力だけあって心力がなくなったり、あるいは弱くなったりして、苦悩ばかり大きくなるのであります。登ることはできるが降りることができないという心の無力者となっては、苦悩が増すばかりであります。

先祖や親から手ぬらさずに財産を相続した人は、同じ有財者であっても、不幸であります。降りることの力がないから、守護の苦が強く、散滅の苦が激しく感じられて、ちょうど温室育ちの植物のように、少しの寒気にも恐れ脅《おび》えて、衰えたり枯れたりするようなものであります。

普通の生活者であっても、また一事業を興すにしても、失敗の覚悟と死までの覚悟がないならば、苦悩は無くならないのであります。多分何とかなるであろうとぼんやり考えておくものですから、心配が絶えず起こって、真剣味がなく、砂上楼閣の生活のようなものでありまして、生活することに命がかかっておらないのであります。最後に、死まで考える時、自分は死んでゆけるかどうかということが問題となるのであります。信は有力大人《うりきたいじん》なりといわれるごとく、信は力であって、死し得る力であり、死し得る力があってこそ、生き得る力が出てくるのであります。

信はまた苦悩の免疫性《めんえきせい》を私どもに与えるものであります。人間であるかぎり、絶対に苦悩が無くなるということはあり得ないことです。どうしても生きているかぎり苦悩はありますが、免疫性のある人のようなものであります。

肺病の無菌体というものがあるそうです。少しもばい菌がおらない健康体というものは、いかに健康体であっても、かえって危険なのでありまして、もしも一旦、ばい菌が少しでも入ると病勢がにわかに奔馬《ほんば》的に進行して、短日月に死んでしまうそうであります。それゆえに保菌体といってばい菌が体内に有りながら、抵抗素ができておる方が、無菌体の人よりもかえって安全であって、そういう人こそ本当の健康者であるということであります。それが心配のない理想的の健康者であって、かえって心配もなく不安もないそうであります。人として生活苦の無い者はないのですが、有ってしかも無い人というのが、即ち保菌者と同じように、信によって免疫性をもった人でありますす。

三

求不得苦《ぐふとっく》という語は広い意味でありまして、人間苦の有様を一言に言い尽くした言葉であります。名利《みょうり》を求めてそれが得られずして苦しんでいるのも求不得苦であり、五欲を満たしたいと望んでいて、それが得られずして苦しみ悩んでいるのも求不得苦であり、怨憎会苦《おんぞうえく》も免れたいと願って得られないのも求不得苦であり、愛別離苦《あいべつりく》や五陰盛苦《ごおんじょうく》を無くしたいと願いながら、それが得られないのも求不得苦であります。なおまた、老苦や病苦や死苦をなくしたいと願っていて得られないのも求不得苦でありましす。

それらの苦を無くしようと願って努力すれば幾分かは得られることがあり、時には全く無くすることができるような浅い苦もありますけれども、それはある場合のみであって、無くすることができれば問題はないのですが、それがどうしても無くならないことが多いのであって、その場合が苦しい問題となるのであります。その無くならない場合の苦に対してどうするかということであります。ここで困るのであり、困るから迷って、ついには変な考えをしたり、無理なことを考えたりするようになるために、一層苦しまねばならぬのです。

普通に人間の欲望としては、五欲満足を念願としているものであって、それを自力で達したいと努力するのですが、それができなくて苦しくなる場合には、神仏に対して祈念する信仰によって成就しようとするのであります。それが自力で達しようとする場合でも、神の力によって達しようとする場合であっても、因果の道理を無視して、ただ一途に自分の欲念を成就しようとするのであります。たいていの宗教信仰というものはこの類でありまして、五欲を満足せしめてくれと願ったり、五欲を満足せしめられると教えているのですが、すべては因果の道理を無視した考えですから、実際は因果《いんが》の道理に相応したことより起こってこないのであって、実は思うように成るものではありません。よしや成るとしても、それだけでは真の幸福とか安楽になったのではなく、真に苦悩から助かったのでもありません。それを助かったのであると考えるならば、それは誤解であって、真の道にはずれているのであります。即ち根本の苦がなくなったのではなく、ただ自分が無くなったと誤解しているに過ぎないのであります。

たとえていえば、死苦というものは、誰人もどうすることもできないものでありま す。死ということが苦であるといっても、これを自分でなくすることもできず、親であっても子であっても、学者であっても、医者であっても、他人から死を無くすことはできないのみならず、神仏であってもこれをどうすることもできないのは明白なことであります。ですから自分が何とがんばっても、誰がどうしてみても、八十歳で死ぬか九十歳で死ぬか、百歳で死ぬか、死は免れることのできないものであって、これをどうすることもできないのです。

この一事でもって静かに考えますと、老苦も病苦も同様に、これらの苦を自分でどうすることもできず、誰がなくすることもできないものであります。また愛別離苦であっても、怨憎会苦であっても、五陰盛苦であっても、同様にどうもできないものであります。どうもできないというと、自力心の強い我々は、反対に、何とかできると考えたがるのですけれども、何ともならないから怨憎会苦であり愛別離苦であり五陰盛苦というのであって、自力で除去できるならば苦という名はつかないのであります。どうにもならず、依然として現に存在する苦であればこそ、苦という名がついておるのです。

四

それゆえに、仏の御教えはこれらの苦を外から無くすると申されるのではなく、内に無くすることを説いて、苦悩を除く法と申されているのであります。死や病や老を外から無くすることは神仏でもできることではないのです。怨憎会でも愛別離でも五陰盛でもこれを外から無くすることはできないが、内に無くすることはできるということであります。常人は死苦でも病苦でも老苦でも、それらは外に存在するものであると思うているのです。なるほど死や病や老は外に存在もし眼にも見えているのですが、それらによって苦しむのは私どもの心の問題であって、苦は内に存在するのですから、内に苦がなくなるならば、外にもなくなるのであります。したがって助かるということも、普通には身体が助かるように思うていますけれども、心が助かるのでありのます。心が助かると身も助かるのであって、心の安楽は身の安楽であります。それゆえ外へ外へと考えている私どもの考えを、内へ向けて、一心の助かる法を教えてくださるのが仏の教えであります。

地しんは信《まこと》に大変に候。野《や》僧草庵《そうそうあん》は何事なく、親るい中、死人もなく、めで度存候。

うちつけて死なばしなずてながらえて、かかるうきめを見るがわびしさ

しかし災難に逢う時節には災難に逢うがよく候。死ぬ時節には死ぬがよく候。是はこれ災難をのがるる妙法《みょうほう》にて候。かしこ

臘八　　良寛

山田吐　皐老

とある良寛《りょうかん》上人の、災難をのがれる妙法が想い出されることであります。すなわち

除苦悩法《じょくのうほう》であります。災難の苦をのがれる妙法と聞けば、災難という苦を外に無くする方法かと思ったり、何とか逃れる術があるのかと思いますが、そうではなく、それを受けることであります。逃げても逃げられねばこそ、苦であり災難なのですから、苦をのがれる真の方法は逃げることではなく、受けることであります。受けうる心となることが苦を無くする方法であって、この心力が大切であって、この心力があれば受けることもできるし、随順してゆくこともできるのです。逃れようと無理なことを考えるから苦であり、逃げられないと思うから窮するのであって、窮するから苦であります。受けまいとするところには飽くまでも苦はついて離れないのです。しかしながら、良寛上人が、さらっといっておられるこの妙法を一心の上に得ることはなかなかのことでありまして、良寛上人でさえ一生かかられたのですから、私どもも仏の御声をよくよく聴聞《ちょうもん》して、是非とも他力信心をうること一つに精を出さねばならぬのです。このほかに苦の助かる方法も安楽幸福の道もないのであります。

五

除苦悩法とは生苦《しょうく》と老苦と死苦と、求不得苦と怨憎会苦と愛別離苦と五陰盛苦とを無くする方法であります。かかる四苦八苦、すなわち人生一切の苦悩を無くする方法とは、本願を信ずる他力信心によりて生死を超ゆることであります。生死を超ゆるとは生に悩まされず、死に悩まされざる心となることであります。生に悩まされず死に悩まされない境地となれば、四苦にも八苦にも悩まされない生活となるのであって、それこそ真に幸福なる生活者であります。

良寛上人の「災難をのがるる妙法」は面白いではありませんか。面白いというよりも、それが真の除苦悩法であり、仏法の真諦《しんたい》であり、他力信心の相であります。「災難に逢う時節には災難に逢うがよく候。死ぬ時節には死ぬがよく候」と、なんでもなく申しておられますが、嘘をいうことの嫌いな良寛上人が心底から申されたかかる語は、上人が生死を超えておられたからであります。

ちょっと聞いて、どんな妙法があるのかと思うものにとっては、あっけないようなことではありますが、こういうことは、容易《たやす》く言ったり思えたりできるものではありません。それは重大なる意味を含んだ一語であります。

「災難に逢う時節には逢うがよく候」と申されたのは地震のことだけではありません。地震に遇うことも災難ならば、火事に遇うのも災難です。水害風害に出遇うのも災難です。風水害ばかりではありません。盗難に遇うのも災難です。山から落ちるのも、自動車に轢かれるのも負傷をするのも災難なら、金を貸し物を貸して返してくれないのも災難です。病気にかかったのも災難なら、怨憎会苦の境遇となったのも災難です。可愛いものと別離するという愛別離苦も災難なら、五陰盛苦も災難です。かかるいろいろの苦にどうしても遇わねばならぬ因縁《いんねん》によって、かかる「災難に逢う時節には、逢うがよく候」と申しておられるのであって、逃げられるなら逃げもしようが、逃げられないからかかるのです。それを是非ともかかるまいとしたり、かかった上からは是非とも免れようとばかりして、忍受《にんじゅ》するとか随順《ずいじゅん》するとかという用意がないから、恐れたり不安に悩んだりするのです。

「災難に逢う時節には逢うがよく候」といって、上人はいかにも泰然として落ち着いておられるのです。その気安さ平安さが見えるようであります。むしろ恐れるものなしといった勇敢な心力さえ見えるのです。

それゆえに、これらを詳しく言い換えれば、火災に遇う時節には遇うがよく候。風害水害にも遇う時節には遇うがよく候。盗難に遇う時節には盗難に遇うがよく候。思いがけなき事に遇う時節には遇うがよく候。人にだまされる時節にはだまされるがよく候。病気にかかる時節には病気になるがよく候。怨み憎むものと遇う時節には遇うがよく候。可愛い親子兄弟夫婦にも死なれる時節には死なれるがよく候。五陰盛苦に悩む時節には悩むがよく候、と申されている意味であります。一切に対して、来るものは拒まず、去るものは追わず、いかにも、のびのびした心地がうかがえます。もとより災難に遇うことを喜んでおられるのではなく、災難を待っておられるのでもないことは申すまでもありません。避け得られないものを避けようと考えるところに、苦を感ずるものでありまして、それは不自然な生活欲望からくるのです。避け得られないことは素直《すなお》に受けてゆき、随順してゆくという自然な生活者となれば苦はなくなるのです。しかしながら、その不自然な生活をしようと欲求するものが人間であり凡夫でありますけれども、他力信心によりて本願に住持された身となれば素直に受け随うてゆける自然なる生活者となれるのであります。

また「死ぬ時節には死ぬがよく候」と申されていまして、いかにも、さらっとしていられます。口では誰でもいうことです。俺はそう人生に執着はないから、男らしくいつでも死ぬぞといったり、青年血気の時代には、死ということについては確と思念することすら不可能なほどでありまして、そんなことくらい、何でもないと軽率に考えているものであります。

しかし、実際となると、若きも、老いたるも、学者も、実業家も、富者も、貧者も皆落第です。

若い男女でも病が重くなると、何とでもして生き延びたいと、いらいらするあのいじらしさは見るに忍びないことが多いのであります。学生であると、せめて卒業だけは死んでもしたいといって、生を念願して死を避けんとして悩むのです。

中年者になるというと、この研究だけはどうか仕上げて死にたいと、生を願って死を厭いひたすらに悩むのであり、あるいは是非ともこの事業を挽回してから死にたいといったり、せめてこの財産を二倍にせねば死に切れないといって苦しんだり、つまりは死ぬ時節が来ておるのに「死ぬがよく候」と思えないのであって、死なぬがよく候、とばかり思うのであります。

老境に入るというと、せめて孫に嫁を貰ってから死にたいとか、孫の顔を見てから死にたいとかいうのです。それは意地汚く、せめて十年待ってくれ、せめて五年待ってくれということであって、死ぬ時節が来ても、死ぬがよく候となっておらない苦悩の変え言葉であります。あるいはどうぞ息子より先に死にたいものじゃと死を急いでおる老人もあります。真底を叩けば早く死にたいのではなく、実は一日でも長く生きたいのでしょうけれども、それは息子より遅れて死ぬ時節には、遅れて死ぬがよく候となり得ない苦であります。

蓮如《れんにょ》上人は、

往生《おうじょう》の期《ご》もいまやきたらんと、油断なくそのかまえは候う。（『御文』聖典七六六頁）

と一念発起平生業成《いちねんほっきへいぜいごうじょう》の信に住しておられたのであります。

かかる方々は生あって生を超え、死あって死を超えて、生死の中を悠々と生活しておられたのであって、それは除苦悩法を得られておったからであります。

六

良寛上人の「災難をのがれる法」をご紹介しましたが、も一つ思い出されるのは「長生きの法」であります。

むかし畏友《いゆう》、隈部慈明《くまべじみょう》兄が成同閣《じょうどうかく》講演の時に話されたことであります。これは隈部兄が越後に旅行された時に、彼の地で聞いてきたと申されて紹介してくださったのです。

ある金持ちの老人が病気になってから、死ぬことが恐ろしくなってきて、大変歎《なげ》いてどうか死なずに長生きしたいものだと悩んでいたのであります。金持ちというものは、死ぬことを普通の人より一層恐れるものであって、長生きしたいという願いの強いものであります。

良寛上人がそれを聞かれて、それは可哀そうなことである、わしは長生きの法を知っておるが教えてやろうかなあ、と申されたのでした。それを伝え聞いたこの老人は、早速、良寛上人に来ていただきたいと願ったのです。そこで一日良寛上人は金持ちの老人の病床を訪問せられました。

「あなたは長生きの法を知ってござるということですが、それは本当ですか」

「ああ知っとる。本当だ」

「どうか教えていただきたいものですが、教えていただけるでしょうか」

「うん、よしよし何ぼでも教えてあげる」

「それはどうすればよろしいのですか」

「それは何でもないことじゃ」

「一体その方法によりますと、何歳ぐらいまで生きられますか。私のような老人でも、まだ長生きができましょうか」

「できるともできるとも、いくらでも長生きができる。一体、あなたは何年ほど長生きがしたいのか」

老人はちょっと困って返事にためろうたのであります。

「もう私も七十歳になりますから、そう長生きはできぬと思いますが、せめて八十歳まで生かしていただくことができましたら、結構だと思います」

「何じゃ、たった八十か、わずか十年間じゃないか」

「それでも八十以上と申しましてはあまり欲張り過ぎますから」

「何のことじゃ、長生きがしたいしたいといっておりながら、たった十年か」

「エッ、そんなら、もっといけましょうか」

「生きられるとも、まだまだいける」

「そんなら、厚かましいようですが、九十歳まで生かしていただきたいものです」

「九十か、いよいよそれでよいのか。もう後悔はないかな、ただし、わしの長生きの法は年齢を初めからちゃんと定めておかねばならぬのじゃ。そしていうておくが、この法を伝授したあとからは、もう一年も延ばすことが出来ぬのじゃから、掛け値のないところを、とっくり考えて本当のところを思う存分に言いなさい。後で後悔をせぬように」

老人はここまで聞かされてしばらく考えに沈んだ後、

「そうでしたら申し兼ねますがどうかもう五年だけ延ばしていただきたいものです。私も九十五歳まで長らえさしていただけば、もう十分でございます」

「いよいよ、それでよいか。そんなら長生きの法を教えてあげよう。よく聞きなさい、その方法は何でもないことじゃ。誰でもやれることじゃ。それはな、八十でも九十でも百でもよい、二百でも三百でもよいのじゃ。それを初めに定めておいて、今日死んでも明日死んでも、俺は九十まで生きたーと思うのじゃ。百まで生きたーと思うことじゃ」

隈部《くまべ》兄が澄ました顔をして真面目に、しかも本気になって話された姿を、まざまざ想い起こすのであります。良寛上人のこの長生の法を聞いて、聞いた人は皆失笑せざるを得ないのですが、このお話は意味甚深なものであります。お互いに人間というものは毎日毎日同じことばかりしているものでありまして、立てては崩し積んでは散じ、年々歳々変わったことをしておるように思っていますけれども、よく考え直してみると、廻灯籠《まわりとうろう》の画《え》のようなものであります。「思うこと一つかなえばまた一つ、三つ四つ五つ六つかしの世や」といわれているように、奮励努力千辛万苦というように、日夜苦心して働いておりますが、実は空ゆく雲のようなものであって、どれだけどうなったのかというと、真の意義あることをやっている人は少ないのであり、賽《さい》の河原《かわら》の鬼に笑われるようなことばかりして、一生は過ぎてしまうのであります。

要は、真底から満足して、俺は九十歳まで生きたーと思い、百歳まで生きたーと思って、いつでも死んでゆける身になっておくことが大事であります。しかしいつでも死ねる身となることが難しいのであって、そのためには信の人となって救済されねばならぬのであります。良寛上人はその境地を軽く平易に言い表して、長生きの法を話されたのですが、これは親鸞聖人が信を指して、「長生不死《ちょうせいふし》の神方《しんぽう》」（「信巻」聖典二一一頁）と申しておられるのと同じ意であります。

七

私は人生苦に対する除苦悩法として、信の生活を教えられたことを喜んでいるのです。今日まで他力信の生活をすることによって、一切の苦悩を除くことができることを喜ぶゆえに、人々にも他力信の生活をすすめんと願うておるのであります。人生においてこれよりほかに、苦悩を除く法はなく、すべての人がこの道に出ずることを念願してやまないのであります。

他力信の生活とは帰命《きみょう》の生活であり、摂取不捨《せっしゅふしゃ》の生活であります。

一般生活には、自力的生活と他力的生活との、二様の生活があると思います。自力的生活とは、自力努力によって、何事でも自分の思うようにしようとする生活であります。他力的生活とは、与えられるものを受けてゆく生活であります。すなわち引き受けられた安心の上から生活してゆく生活であります。

多くの人は自力的生活をしているのでありますが、自力努力によって、どれだけ思うようになったかと、篤《とく》と考えてみねばならぬと思います。私どもは自力の我慢心が強く、かつまた世の中を軽く見くびって、何でも思うようになると早合点しているのでありますが、常に自力不可能の歎《なげき》に陥って、常に悩んでいるのではないかと思います。すなわち貪欲《とんよく》ばかり強いものですから、何事でもまた何物でも貪求して止まないのでありまして、貪求するがゆえに苦悩もまた深くかつ大きいのであります。

人々は常に求不得苦に悩んでいまして、その結果は思うようにならぬならぬという て悩んでいますけれども、一度、眼を転じて見直しますと、実に不思議な世界であり まして、思うようにはならぬけれども、案外、思わぬことによって、思わぬなりゆき によって、助かって生活しているのが、現前の事実であります。

生活というものは、底に安住するところがなければならぬのでありまして、その安 住が生活の基礎となって、その上に打ち建てられてゆく生活となってこそ、安心と幸 福が感ぜられるのであります。いかに現在が華やかであっても、その底に不安なもの があっては、真の安心もなく幸福も感じられないのであります。それゆえ、如来に一 心帰命したる生活は安心であり幸福となるのであり、如来の慈悲に引き受けられたる 生活には安心があるのであります。

前に良寛上人のお話をしましたが、禅より念仏に到達せられた良寛上人は、他力安 住の生活に入られた風光を示して、

要《い》るほどは風がもてくる落ち葉かな

といって他力自然のお与えに帰して安心していられたのであります。風といっておられるのは如来ということであり、如来に支えられている安心であり、自力努力を離れられている心境であります。自力は我慢となり、必ず不安が伴うものであって、不安は苦悩であります。落ち葉とは燃料の問題でありますが、その語によって生活全体が表されているのであります。

良寛上人の歌に、

やちまたに　ものなおもいそ弥陀仏の　もとのちかいの　あるにまかせて

というのがあります。これは私の好きな歌であって、常に思い出して喜んでいるのです。やちまたとは、千々に心を遣い気を遣って、自力のはからいで、あれやこれやと不安と心配をすることです。自力心の人は必ずやちまたに物思いをして、ああなりたい、こうなりはせぬかと、千々に心をくだくのですが、自力は駄目である、他力不思議力に帰命《きみょう》せよということであって、救わん引き受けんと、手をさしのべておられる弥陀仏の誓願があるのだから、そのお誓いに帰命信順して、思し召《おぼめ》しのままに、さしまかせて安心して生活せよということであります。自力心をはたらかして杞憂《きゆう》を抱くな、それは甲斐なきことである。取越《とりこ》し苦労をするな、大慈悲の光明の照護ある世界である。ただ帰命安住して生活せよという事であります。

帰命の生活とは、護らせたまう御力をたのみたる生活であり、まかせたてまつった生活であります。帰命信順の生活とは、引き受けられておる安住と喜びの生活ですから、心底に安心があり、清々しき身軽さによく働ける生活でありまして、不真面目なる懈怠《けだい》や怠慢《たいまん》の生活ではありません。

良寛上人のまたのお歌に、

さしあたり　そのことばかり思えただ　かえらぬむかし　しらぬゆくすえ

というのがあります。かえらぬむかしのことばかり繰り返して悲しみ悩むのは、愚痴《ぐち》であります。知らぬ行く末のことをかれこれと解ったように思うて悩むのは、杞憂《きゆう》であり取越し苦労であります。そんな解らぬことをかれこれ悩むよりは、さしあたっておる現前の一事一物を忠実に考えてゆくべきであって、現前の一念を、もとの誓いのあるにまかせて、帰命信順しつつ一歩一歩を大切に歩むことが、幸福の道であるということであります。しかるに、私どもに一念帰命する安住がないならば、心の落ち着きというものがなく、現在のことには手がつかず力が入らずして、常に手許がお留守になって、心はいつも過去にさ迷うて、かえらぬ昔の失敗を悔いて苦労をするのであり、もしそうでなければ、魂は将来にばかり走って、知らぬ行く末であるにかかわらず、どうなることかと行く末のことばかりに、いらいらと心配苦労をして、いつでも現在のことには魂が入らないのであります。魂はいつでもお留守であって、こうしてはおれぬと留守がちになっているのです。少しも落ち着きのない、気ぬけのような生活であります。

八

信の生活とは、現在に安住して貪求せぬ生活であり、与えられるままに受けてゆく生活であります。そういうと、あるいは消極的な生活であり、力のない生活のように思うかも知れませんが、それこそは信力の生活であります。元気ばかりあっても、底力のない生活はかえって弱い生活であります。

与えられるままに安住して、そこに基調をもって踏み出してゆく生活には、伸張性もあり縮小性もあるのでありまして、かかる伸縮することのできるのが一つの力であって、この心力なしには安心安住もなければ、前進力も出てこないのであります。与えられる生活には、富の生活であることもあり、貧の生活であることもあります。しかしそのいずれであっても、富を与えられては富に善処してゆく力があり、貧を与えられては貧に善処する力がなければならぬのであります。来るものは拒まず去るものは追わずという力がなくては、安心して幸福なる生活はできないのであります。富は迎えるが貧は避けようというのは弱き人であり力なき人であります。それでは常に不安と苦悩の絶えぬ生活となるのです。与えられるままに満足安住ができてこそ絶対帰命であります。如来の絶対支持を信ずるがゆえに貧も富も、そのいずれであっても、如来の支持からは離れることがないのであります。

良きゴムまりは押さえられてへこむ時にはよくへこみ、押さえるものがなくなれば元にかえるゆえに破れないのであります。また良きゴム紐は引けばよく伸びますが、放せばよく縮むのであります。伸びる力と縮む力と両方とも同じ力であります。

実際、富となっては富に処し、貧となっては貧に処するということは、難しいことであります。富者となっても富者相応の生活をすることができないものですから、人から憎まれたり、嫌われたり、呪われたりして、苦悩の生活をせねばならなくなるのであります。富者となって何故富者相応な生活ができないのかといえば、心に安心がなく不安が去らないからであって、心は依然として貧しく常に窮しているからであります。

貧となっては貧相応の生活ができるならば、苦悩はないのですけれども、貧となっても貧に処してゆく力がないものですから、一層貧が自分の心を苦しめるのであります。すなわち、伸びる時に伸び得ないから苦しくなり、縮む時に縮み得ないから苦しくなるのであります。

貧となれば早く一家を整理すべきであって、整理の一方法としては、まず門前の白壁から出ておる古い松の樹を、第一に伐ることが必要であるといわれておりますが、それがなかなかできないことだそうであります。私も貧乏の経験はかなりあるのですから、多少領解できるようであります。高塀を越えて門前に出ておる古き松の樹は、田舎の大家の装飾であって、遠くから見ゆる白壁と、門前ににゅっと出ている松の樹が大家の印となっているのですから、その松の樹を伐り払うということは人の目につくことであり、不名誉なことであります。それゆえに、ひそかに人の目に立たぬ家財を売り、次には遠方の田畑を売って事を防ぎ、三年五年と貧乏してゆく間も門前の松の樹は緑の美わしさを失わず依然としていますが、誰でも最後の最後でないと、そして無理に無理を重ねてどうにもならなくなった挙げ句でないと松の樹を伐ることはできないといわれているほどに、実際、貧に処するということは難事であります。

それゆえに改革をして縮小するには、どこまでも縮小し得るという、自信と能力がないことには、貧に善処してゆくことはできないのです。貧ばかりではありません。老苦でも病苦でも同様でありまして、老いてくれば、老に処して老相応の生活をしてゆくことによって老苦はなくなるのであり、病気になれば病気に処して病気相応な生活をすることによって、病はあっても、心の病苦はなくなるのであります。貧であっても、どこまでも縮小して生活するという自信と能力があれば、貧はあっても、心に貧苦を受けることはないのであります。

畢竟は死まで縮小する覚悟が出来れば貧苦はなくなります。貧乏になるのでなく貧乏をしてゆけるのであります。それには如来の摂受《しょうじゅ》を信ずるという信力がなくては容易にできないことであります。如来の照護の中、如来の支持の上に安住して、死と生との一切を如来に寄託することがあれば、貧をあながち不幸とし悲しみとせずして、よく貧に処してゆくことができるのであり、また事実貧となっても貧相応に生活を整理して、よく貧の生活に順応してゆくことができれば、貧苦という生活難がなくなるのであります。貧となれば、それは不幸な生活であると思い込んでいるから苦しいのですが、貧にも十徳ありといわれておって、種々の徳が与えられるのであります。ただ素直に貧乏をなし得ないために、苦しみ悩んで一家をいよいよ不幸に導くのであります。

美食を粗食として健康になった人もあります。美服を粗服となして気楽さを喜んでいる人もあります。交際の繁雑から逃れて助かっている人もあります。貧乏となったために子供らが奮起したこともあり、子供の学業の成績がよくなった喜びもあります。人生の真味が解って人の慈悲を初めて感じた人もあり、家族の者の宗教心が眼醒《めざ》めて、ともに仏法を聴聞して喜ぶようになった人もあります。

かくのごとく、貧にも貧の徳が沢山あるのですけれども、貧を憎みて貧に処する力がないものですから、貧がいよいよ身を責め心を苦しめるのであります。

生活を苦しめるものは貧ではなく、信力なき我が心であります。

四、恩愛の絆を超えて―愛別離苦―

一

人生苦というものを数え挙げるならば、数限りがないのであって、実は無量苦というよりほかないのですけれども、それらのあらゆる苦の根本となっているものを挙げれば、生苦と老苦と病苦と死苦の四苦であります。それをなお詳しく示されまして、求不得苦《ぐふとっく》と愛別離苦《あいべつりく》と怨憎会苦《おんぞうえく》と五陰盛苦《ごおんじょうく》の八苦として示されたのであります。前に申しました通り、ある時にはこの八苦の代わりに五苦と申されまして、五苦という時にも、二通りありまして、生老病死《しょうろうびょうし》を合して一苦と数えて、他の求不得苦と愛別離苦と怨憎会苦と五陰盛苦との四苦を加えて五苦と申される時と、もう一つの場合は生と老と病と死との四苦の上に愛別離苦を加えて五苦と申されていることもあるのです。

その時には愛別離苦をもって、求不得苦と怨憎会苦と五陰盛苦を代表さしているのであります。それは求不得も苦しい、怨憎会ということも苦しい、五陰盛ということも苦しいけれども、その中でも愛別離苦という苦しみが、最も切なく苦しいからでありります。

親鸞聖人から三代目の覚如《かくにょ》上人は、二代目の如信《にょしん》上人から、親鸞聖人の申されたことを承ったことを書き遺されている『口伝鈔《くでんしょう》』という書の中に、聖人の御詞を伝えて、次のごとく申されています。

人間の八苦のなかに、さきにいうところの愛別離苦、これもつとも切《せち》なり。まず生死界《しょうじかい》の、すみはつべからざることわりをのべて、つぎに安養界の常住なるありさまをときて、うれえなげくばかりにて、うれえなげかぬ浄土をねがわずんば、未来もまた、かかる悲歎にあうべし。しかし「唯聞愁歎声《ゆいもんしゅうたんしょう》」の六道にわかれて、「入彼涅槃城《にゅうひねはんじょう》」の弥陀の浄土にもうでんにはと、こしらえおもむけば、闇冥《あんみょう》の悲歎、ようやくにはれて、摂取《せっしゅ》の光益《こうやく》になどか帰せざらん。

（聖典六七二頁）

すなわち「人間の八苦のなかに、愛別離苦、これもっとも切なり」と親鸞聖人の中されています通り、人生苦の八苦の中で愛別離苦は最も切ないものであります。生老病死の四苦とある中の死苦というのは、自分自身が死に面したる苦しみでありまず。自分の無常を思うて、死に対する恐畏《きょいく》苦と死期に接して受くる苦悩でありますが、愛別離苦というのは、死は死であっても彼の死であって自分の死ではありません。彼の死によって可愛い彼が自分と離れる別離苦であります。同じ別離苦であっても、自分が先立ってゆくのは、それは死苦の一面であって、名残り惜しく思うて泣き悲しむのでありますが、愛別離苦という別離苦は自分の死ではなく、自分は未だ生き残っているけれども、彼が別離してゆくのです。その別離に遇うて悲しむ自分の苦悩であります。

生老病死の死苦の中の生苦というもの、即ち生きてゆくについての苦は種々ありますけれども、その無量の苦の中で最も苦しいものを代表的に挙げれば、求不得苦と怨憎会苦と五陰盛苦と愛別離苦とであるというのですが、その中でも愛別離苦が最も悲痛な苦しみであるということであります。聖人が「人間の八苦のなかに、愛別離苦、これもっとも切なり」と申されましたように、死苦も病苦も老苦も人生苦の最大なものであるけれども、その中においても愛別離苦が最も痛切なものであると申されているのであって、要するに生苦すなわち人生苦の中で愛別離苦が最も痛く切ないものであるということです。しからば人生苦中において愛別離苦というものが最も代表的な苦痛であるということになります。

道理からいえば愛別離苦よりも、死苦の方が切なく苦しいはずであります。すなわちいかに可愛いからといって、愛別離ということは彼の死であって、自分の死ではないのです。また彼は痛いかも知れないが、自分の身は痛くないわけであります。しかしながら、実際の事実としては自分の死を考えるよりも、親愛せるものが死んでゆくという、それと別離するという悲歎の苦というもののほうが強く激しいのであります。したがって、それは他人からは解らないことであって、自分に受けたもののみが味わって知る悲痛であります。自分の死は未だ経験しないから十分に解らないが、彼の死は眼前に目撃しているのであります。しかも親しみ愛しているものと引き裂かれる痛苦は実に切ないものであります。もっと進んで、自分自身が実際に死に当面して死んでゆくほうがもっと切実なものであるに相違ないのでしょうけれども、それは未だ当面しておらない問題であって、現在の事実としては自分はかくのごとく存在し生活しているのですから、切実に味わえないのであって、味わっておらないとしたら、愛別離苦ということが、他のあらゆる苦よりも最も悲痛なものとなるのであります。

二

人生にあっては種々様々な苦しい切ないことがいろいろあり、その上に老苦や病苦もありますけれども、この人生に死ということがあるということは、なかなか自覚しておらないものであります。自分自身の上には見ることができなくとも、他の上に、しかも可愛いものの上に、愛執愛着して、彼と我とは一つに繋がれており、彼が我であり我が彼である、その片方が、死んでゆくのであります。だから生木を裂くような苦しみともいい、片腕を生きながら千切《ちぎ》られるような痛みとも申すのであります。愛別とありますように、愛別が痛いのであり苦しいのであって、親しいとか知己というくらいのことでは、世に無常ということがあると感ずるだけであって、八苦の中の最も切ないものとは、いわれないのであります。

私の知れるある人は、可愛い一子を失うて、それがために気が変になった人があります。親が死んでも気が変になりはせぬ、妻が死んでも気が変になりはしませぬ、友人が死んでも気が変になりはしませぬ、自分が病苦に悩んでも気が変になりはしないのであります。

ある人は愛別離苦に遇うて驚いて倒れてしまいました。失神しました。どんな苦しいことが起こったからといって、直ちに失神することは他にあまりありません。

その他神経衰弱症となって長く悩む人は数知れないのであります。他から見るというと、人生にありうる無常ということがやってきたのであり、いつか来るべきことが来たのだから、そう驚いたり泣いたりしなくともよかりそうに思えますけれども、いかに愚痴《ぐち》だといわれても、愚痴だとは自分には知りつつも、人目かまわず、いつまでも泣かざるを得ないのであります。そして何年経ても思い出すたびごとに、新しく悲痛を感ずるのであって、むしろ一度彫り込まれた傷は癒ゆることがなく、思い出すたびに、また深く彫り込んでゆくような切ない痛みを覚ゆるものであります。病苦はどんな大病の苦痛でも治ってしまえば、けろりと忘れてしまうものであり、よほど深いものであっても、月日と共に浅く薄くなってゆくのであります。その他の苦痛も同様であって、静かに比べてみると愛するものと別離するということは最大悲痛であります。

でありますから、人々は愛着せるものが病気にでもなって、死にかけるというと、我が身を忘れて心配して、医者よ薬よ出養生よと、日夜の看護にも命を懸けて尽くすのですけれども、引き上げようとするのに、ジリジリとすべり込んでゆくようになっては、立っても居てもたまらない苦痛を嘗めさされて、懸命の努力も如何ともすることができずに、彼がついに別離してゆく姿を眼前に見守っては、堪え難いものでありますます。別離の苦悩が、ついに自分をも病床の人とならしむることのあるのは、無理もないことであります。

三

愛別離苦は人生における最も悲痛なる苦悩ではあるが、免れることのできないものでありまして、死ぬ時にはどうしても死んでゆくのであり、この別離苦を繰り返して幾度泣いておってもどうなるものでもなく、ただ痛みを重ね苦悩を深めるだけのことであります。しからばどうすべきであるかといえば、愛別離の極端なる悲痛に遇っては、是非とも心機一転すべきであります。そこを聖人は「まず生死界のすみはつべからざることわり」を人には知らすべきであり、自分自身であれば知るべきであると申されているのです。人生は生死界であって生死の境界であるから、四苦八苦に遇うべきことは必然の世界であり、免れることのできない世界ですから彼も永久に生き長らえることができず、自分も永久に生き長らえることができないのであって、彼も我も永久に生き長らえることができぬとすれば、自分が先に死ぬか、彼が先に死ぬかは免るべからざることですから、愛別離苦に遇わないようにしようとしても、これを外界から無くすることはできないのであります。

「つぎに安養界《あんようかい》の常住なるありさまをときて、うれえなげくばかりにて、うれえなげかぬ浄土をねがわずんば、未来もまた、かかる悲歎にあうべし」と申されているのです。この人生は無常であるから愛別離の苦悩を免れざるところであります。それゆえ、かかる苦悩を免れたいと思うならば、常住である安養界、すなわち阿弥陀如来の安楽仏国に往き生まれるように願わねばならぬのであるということです。「うれえなげくばかりにて、うれえなげかぬ浄土をねがわずんば、未来もまた、かかる悲歎にあうべし」と申されているように、そのままにじっとして、憂え歎いているばかりでは何の所詮もないことですから、心機一転して、苦しくば苦しくないところを願うべきであるということです。かかる憂いがなく、かかる歎きのない常住の浄土を願うべきであるということであります。故に常住の世界に往生《おうじょう》せざるかぎり、現在におけるかかる悲痛は今一度だけのことではなく、将来も、また未来も、永久に同様の悲歎を繰り返して受け続けねばならぬのであるぞというご注意であります。

四

現在の愛別離苦ほど、こんな苦しいことは他にはないのであって、今やこの苦に陥ってどうすることもできないのです。忘れることもできず、紛らすこともできず、自分が生きている限り、生き残っている限り、付いて離れざるものでありますが、どうすればこの苦悩から脱することができるのであるか、助かることができるのかといえば、弥陀の浄土に往生したいと願生して、必ず往生できることに決定《けつじょう》するならば、何ぞしらん、現在の苦悩である闇冥《あんみょう》の悲歎がようやく晴れると申されているのであります。闇冥の悲歎と申されています通り、愛別離の苦しみというものは、悲痛に陥って心が閉ざされて世界中が闇冥になる苦悩でありまして、それをどうすることもできないのですが、その闇冥の悲歎が次第に晴れて助かる方法を教えられているのです。それは何故であるかといえば、弥陀の浄土というのは「入彼涅槃城《にゅうひねはんじょう》の弥陀の浄土」と申されているごとく、弥陀の浄土は涅槃の国であって、弥陀の浄土に往生するということは涅槃の証果を開かしていただくことであって、涅槃の国即ち涅槃の境界は、「唯聞愁歎声《ゆいもんしゅうたんしょう》の六道」と縁切れしたのですから、そこには苦悩がないということでありまず。この世界は六道内の生死界であって、生死界は「ただ愁歎の声のみある」ところでありますから、愛別離苦は免れないのであります。弥陀の浄土へ生まれるに定まった信の人となれば、現在より阿弥陀如来の「摂取《せっしゅ》の光益《こうやく》」にあずかった身となって、将来は必ず仏果にのぼり涅槃の証果を得さしてくださるのですから、一切の苦はなくなるのでありまして、信の一念より摂取の光益にあずかって、その一歩を踏み出さしていただけるのであります。摂取の光明の利益にあずかれば、現在の別離の闇冥苦というものが、光に照護されて晴れてゆくのであります。未来に苦悩が助かるのみならず、現在がすでに助かり晴れてくるということであります。

それゆえに、心機一転とは、愛別離苦の悲痛によって、迷妄の我が魂が眼醒《めざ》めることで、今苦しんでいるのは、彼が離れ去っていったからであると、苦の原因を彼の上に認めておる、その眼が一転して、自分の上に向き換わることであります。彼を問題としておったのが自分の問題と一転したのであります。すなわち、苦しんでいる自分が助からねばならぬのであったと、気づくことであります。

「先立つ者は善知識《ぜんじしき》なり」と昔から申されている通り、愚痴の深い凡夫ですから、かかる悲痛に接しないことには、自分の魂はなかなか眼醒めないのであります。彼を泣いておったが実は自分を泣かねばならぬのでした。彼を助けることができなかったことを泣くより、自分の助かっておらないことを泣かねばならぬのでした。彼を助けねばならぬよりも自分を助けねばならぬのでした。彼を真に助けたいならば、なおさらまず自分が第一に助かって、仏となり涅槃の証果に達して、助けうる身とならねばならなかったのであります。彼の死を泣いておったが、自分の死を忘れておったのでありますす。もし「倶会一処《くえいっしょ》」の徳をいただいて、彼と再び会えるということも、仏果涅槃に達するよりほかに道はないのであります。

しかれば、真に道を求めて出直さねばならぬのであります。道はただ一つであって、獲信のために求道聞法することであります。信は現在の苦を救い晴らしてくださるのみならず、それは自分も助かり、他をも助けうる唯一の道であります。自分に対してかかる重大なる眼醒めを与えて、心機一転せしめてくれたものは彼であるから、善知識であると仰ぎ、愛別離苦に遇うたことは、単なる不幸ではなかったのであって、如来の善巧方便《ぜんぎょうほうべん》の御手回しであったことに気づくならば、世を呪い、世をはかなんだ迷いの夢から覚めて、善巧摂化《せっけ》の御慈悲の中に育《はぐく》まれてきたことに感謝せざるを得なくなるのであります。彼無しにはここへ出られなかったのであり、かかる苦しみなしにはかかる眼醒めは得られなかったのでありまして、愛別離の苦悩もただ事でなかったことを知るのであります。

五

親しき者、愛する者と離別することは、切ないものであり、痛いことであります。かつて私の次男が、やっと天王寺中学校に入学しまして、得意になり、喜んで通学しておりましたが、その冬に流感（流行性感冒）にかかり、急性肺炎になって、一夜の病で翌日死にました。その時の私の驚きと妻の歎きは非常でありました。彼は兄が天王寺中学校に行っておりますので、自分も是非天王寺中学校に入学したいという念願をもっておったのです。しかし自分は一向勉強が嫌いで遊ぶことが好きでしたので、入学の一年前には小学校の注意もあり、自分にもこれでは入れないと自覚してからは、予習にも努力して、可哀そうなほど勉強をしました。私は不勉強であった時に、いつも言いました。落第をすれば鍛冶屋の丁稚《でっち》にでも行くがよい。そうさせるぞと言いました。無理に、嫌いな者に学問をせよとは言わぬ。また出来ないものは仕方がないから、職工になればよいと、常に言っておったのです。そうすると入学試験の前日になると、彼は形を改めて私の前に坐り、お父さんは、落第すれば鍛冶屋へ奉公にやると言われたが、あれは本当ですか、と問うのでした。私は返答して、それは本当に言ったが、今のように勉強して落第をしても丁稚奉公はささぬ。一年だけは待って、もう一度来年に入学試験を受けさしてやる、と言いますと、彼は「よし、安心した」と言って、喜んで翌日から受験しましたところが、案外良い成績で入学ができまして、彼も喜び家内中も驚いて喜んだことでした。その喜びの消えないその冬に一昼夜の突発的の発病で死んだのですから、驚きやら可哀そうやら何とも言えない悲痛を味わったことです。静かに考えますと、もっと早く気をつければよかったとも思い、ただの風邪引きだと思って、ほっておいたこともすまなく思います。お医者も何でもない一時の風邪引きだと言っておられたのですから、お医者も恨めしくなります。

私は何とか諦めたり、意味を考えて、落ち着くことができ、あやまることが出来、善巧方便《ぜんぎょうほうべん》として感謝することもできて、堪えられないほどの悲痛も次第に治まりましたけれども、いつまでも治まらないのは、妻であります。

母親としての悲歎は痛烈なものであります。自分が産んで、自分が、膝の上に置いて乳を呑まし抱いて寝ね、昼夜、手塩にかけて十何年間育ててきたのですから、残念さもひとしおのことでありましょう。

毎日毎日明けても暮れても、泣いてばかりおって、何で死んだのであろう、可哀そうなことをした、惜しいことをした、不注意であった、残念なことである、悲しいことである、と朝から晩まで家内中の者を捉えては愚痴ばかり言って、そして部屋の隅の暗がりに行って泣いておるのであります。

ついには座敷に来て私の前に坐り、ぼちぼちと愚痴を繰り返すこととなったので、私が叱ったり、諭したり、うるさくなると書斎に逃げたりするのでした。

一夜また、やって来て真剣になって、何で死んだのでしょうと、泣きますから、私は、毎度毎度同じことを言うて、いじめるが、お前は一体どうしようというのか、泣いても愚痴っても返らぬことだから、仕方がないではないかと言いますと、仕方がないから困っているのだと言うのです。「ああ解った、お前は死んだものを、死ぬ前のようにして返せというのだな」と言いますと、妻は直ちに「そうですそうです、どうかして元のようにして返してほしいのです」と嬉しそうにして答えました。

愚かなことだ、それはいかにももっともな願いであるけれども、馬鹿なことだ、「上は大聖世尊より下は悪逆《あくぎゃく》の提婆《だいば》に至るまで、のがれがたきは無常なり」と申され、また「生あるものは必ず死に帰し、盛んなるものは、ついに衰うるならいなり」と申されている通り、免れることのできないものであり、どうすることもできぬものである、しかるに、そう愚痴なことをいつまでも言っておると、もっとこの上に一人も二人も、きっと子を失うことであるぞ、と言いますと、びっくりして、この上に一人も二人も死ぬということはどうして分かりますか。またどの子が死ぬのですかと、詰め寄って聞くのです。どの子が死ぬかは知らぬが、わしは、そう思えるのである。仏様はお前をこの上に悲しませ苦しめたくはないのだけれども、如来の善巧方便の御手は、お前を道に志すようにして、お前を助けてやりたいために、お前の愚痴を晴らして、正気にさすために、きっとそうなさるであろうと思う、と言って聞かせましたら、びっくりして、それから、ヒステリーのようなのが治まって、少々は聞法するようになりました。

六

私どもは愚痴の凡夫であり、貪欲《とんよく》の衆生でありまして、自分の気ままなことばかり考え、欲なことばかり望んでいるのですが、そして苦しんだり悲しんだりしているものですから、大慈大悲の仏様はどうかして正しき考えをもつようにして、助かる身にならしめ、幸福なものとしてやりたいために、昔から今日に至るまで常に遍照の光明を放っていてくださる世界であります。しかるに私どもは、この世の中に如来様のましますことを知らず、御光の照らしはたらきたまうことを知らないのであります。それがために、勝手気ままなことばかり考えて、蚕が繭をつくって自分の身から出した糸で自分を縛るように、自縄自縛《じじょうじばく》して苦しみ悩んでいるのであります。

迷える凡夫としては、親愛なるものと離別する苦に遇うて、驚いたり、悩んだり、悲しんだりするのも、無理のないことであり、それが人情であるといいますけれども、それは、凡情というものであります。しかしその悲しい苦しいというのも、よくよく考えますと、我欲が盛んであり、我欲の失敗の悲しみでありまして、それは彼を失うたことばかり惜しみ悲しんでいるのであります。彼を憐れみ、悲しんでいるとばかり思うて、可哀そうにといっておりますけれども、実は自分を悲しんでいるのでありま す。

自分が生きておるのに彼が死んだと思いますからなお一層悲しいのであります。否《いな》、自分は死なないものと思っていますから、彼のことが非常に悲しいのであります。実は自分の死ぬということを考えたことはないのであります。それゆえにむげに悲しいのであります。ひとたびでも、自分も死ぬものである、遠からず死んでゆくのであると思ったら、苦しみも悲しみも恐らくは半減するのです。しかるに、多くの人は自分の死を考えずに、彼の死ばかり思いますから、あくまでも可愛ゆく悲しまれてくるのであります。自分の死に気づくならば、自分はどうするのであろうか、自分の上にも火がついていると思えば、果たして自分は彼のごとくに死んでゆけるであろうかと、周囲の境遇を考えても、彼よりも自分の方が可哀そうであるかも知れないのです。あまりに悲しむ人ほどそういう地位に立っている人であります。自分が世話をしたり、看護をしてやったりしたが、自分は果たしてどうして死んでゆくであろうかと、自分の死の場合、自分の死んでゆくということについて考えるならば、自分も早晩今の彼と同様であり、自分の場合はどうするであろうと考えるならば、彼のことばかり悲しんではおれなくなるはずであります。

彼の死は彼の苦であり彼の悲しみではありましょうが、彼の死は、一面においては私に物語って知らしてくれているのであります。人としてはかくのごとく死ぬものであって、お前もかくのごとく死ぬのであるぞということを物語ってくれているのであります。「仏もの言わず人をもって言わしむ」と古来申される通り、彼によって仏が私どもに語っておられるので、即ち如来光明の一つのはたらきであります。これを善《ぜん》巧方便《ぎょうほうべん》と申すのです。悲しみの涙を抑えつつ、苦しみの胸の痛みを抱きつつ、静かに、彼によって我に語られている如来の御声を聞かねばならぬのであります。

私ども凡夫は、彼の死を悲しんでも、自分の死を憂うることができないのです。彼の死を苦しんでも自分の死について苦しむことができないのです。それゆえに大慈悲の如来はいかにもして私どもに死ということを知らしめ、心配せしめたいのでありま

す。それは自分に眼醒《めざ》めて、助からねばならぬ、救われねばならぬと、一歩を踏み出させたいのであります。

釈迦弥陀は慈悲の父母《ぶも》
種種に善巧方便《ぜんぎょうほうべん》し
われらが無上の信心を
発起せしめたまいけり
（『高僧和讃』聖典四九六頁）

とあります通り、私の助かるために、信心を発起せしめたいのです。

尽十方無碍光如来《じんじっぽうむげこうにょらい》と申す如来は、全世界に充ちて、眼に見えざる光明のはたらきをもって、私一人を救わんとして、照らしましますのであります。この世界は、私一人

を信ぜしめて、救わんとして育てられているのであります。それゆえに、私の周囲に起こり来る一事万事は、ただ事ではないのであって、すべて如来のかかる深き思し召《おぼめ》しの籠《こも》っておらないものはないのであります。

七

私は若い時に、妹が急病で死んだ憂き目に遇いました。その後にも特に可愛い、そして私のために苦労をしてくれた妹をも、貧乏のどん底で、不自由の真ん中で死なしました。それも長い病床にある彼女を、毎日切なき思いで看護をさされました。それがため父も病気になり、私も病気となりました。

また貧乏の憂き目を浴びつつ苦労をし、勉強をして、やっと一人前になった二十五歳の弟を死なしました。これも長い間の病臥《びょうが》の苦杯を共に嘗めさされました。

私はまた、一生苦労ばかりして七十四歳まで働きづめに働いて、何らのご恩返しもできない先に、死んでいった父の悲痛にも遇いました。

指折り数えてみますと、随分肉親のものとの愛別離苦に遇ってきまして、それが普通でない苦境にあって愛別したのであります。それから先に申しました、私の次男を中学生で失い、次には幼き次女を失いました。

最近ではまた九月十一日に四十九歳の次弟、今川隆喜代《たかきよ》を一夜の間に失い、九月十七日には預かり育てていました姪《めい》の裕子《ひろこ》五歳を一昼夜の間に失いました。これは次弟勝の次女でありまして、私の子か孫のようにして毎日暮らしておったのであります。愛玩せる手の中の珠《たま》を取られたように、たまらぬ悲しみと、続く悲痛に一時は茫然として、身心ともに困憊《こんぱい》したことであります。

かくのごとく、過去を回想しつつ懐《おも》い出していますと、古傷がまた新たにうずいてくるようで胸が痛くなります。

それのみならず、知人や友人や親戚のものの死に直接出遇ったことも、数多いことでありまして、人世にかかる苦しいことがあるかと思うと、厭世《えんせ》の感さえ起こることがあります。

これら多くの愛別離苦によって苦しみを受けましたが、その代わりにいかばかり教えられ気づかされたことが多いかも知れないのであります。痛いことであって、免れたい避けたいことでありますが、事実は避けることも逃げることもできないのであります。

よくよく考えますと、かかる善巧方便によって、彼らの死によって、私の痺れている魂を醒《さ》まして、人世の無常、否《いな》、私の無常を知らしめ、常に眠らんとする私の心を次第次第に養うて道に出し、道に精進《しょうじん》させてくださったことであります。近くは彼らの御恩であり、遠くは如来善巧の御恩であります。如来の仏智はかかる肉親の上に及びて、手痛い目に遇わずば醒めないしぶとい心の私であります。しかも、それが一度や二度や三度では、なかなか醒めない心であります。醒めかけても眠り、醒めかけても眠るような魂でありまして、今なお醒め切らないのですけれども、道を求めて道に精進する警策《けいさく》となって、役立ってくれているのであります。

無常という愛別離苦に限らず、人世のすべての事が、皆私一人を眼醒めしめて、真に幸福なる道を求むるようにと育てておってくださるのですけれども、最も手痛い愛別離苦という苦しみが、最も私を導き育ててくれているのであります。古来からも今日でも、多くの人が、自分の道に気づき求めるようになる最も多くの場合は、何といっても愛別離苦の無常に遇うことが、ご縁となっている場合が多いようであります。

八

最近に死なしました裕子という五歳の姪が、死の四、五日前の朝、御内仏《おないぶつ》にお礼して、座敷の大卓《おおづくえ》の私の前にチョコナンと、しかも厳然とした態度で、すました顔をしながら私を見上げています。何をするのか、何を言いたいのか、菓子でも欲しいのかと思っていますと、言葉を改めて「おじさん、おじさんは死んだらどうなるのや知ってますか」と言うのです。私は変なことを聞く子だと思って顔を見ると、真摯な顔をして私の返答を待っているのです。私は下手《へた》な答えをしてはならぬと思って、「裕子は知っているか」と尋ねてみますと、「教えてあげましょうか」と言うのです。これは参ったと思いましたが、教えてくれと言いますと、「死んだらな、じきに焼いてしまいますのや」と言うのです。そうかといって聞いていますと、「焼きましたら明日の朝は白い骨ばかりになりますのでっせ」と言って、私が驚いていると、「さよなら」と言って台所へ行ってしまったのです。

事実、温和な賢い子でありまして、聴きわけのよい大人のような知恵の走る子でしたので、この子は寿命が短いかも知れぬと、老母と時々話していたのですけれども、これはあんまりであると思ったものですから、裏の隠居におる老母のところへ行って、「先刻、裕子がこんなことを言いますが、変なことを言うものです、あなたは聞きましたか」と言うてみると、老母は笑って、それは私が教えたのである。昨日、お菓子をくれと言うから、あげてもよいがあまり食べると病気になって死ぬぞと言うと、直ぐに「お婆さん、死んだらどうしますのや」と尋ねるから、「死んだら焼いてしまうのだ」と言ったら、「焼いたらどうなりますのか」と言うから、「焼いたら明日は白いお骨になるのじゃ」と、何気なく話したのだということでした。それを何と思ってか早速私に受け売りしたものでありました。しかし、その一語は厳然として私に生きて響いたのであります。あどけなき子が澄ました顔で真摯に言ってくれたことが、ただ事ならず、今に耳底に残っているのです。それのみならず五歳の姪の死が、いろいろの事を生前にまで立ち返って知らしてくれて、多々味わえてくるのであります。

私はあまりに悲しい日が続いて、切なさに堪えられない気持ちになり、このままでは今日の婦人会の講話をする勇気が出ないと思って、朝来困っていましたところ、これは四天王寺に詣って聖徳太子に参拝してこよう、そうすれば何とかなるだろうと思われたので、早速急いで参詣しましたら、やっぱり気が晴れたのです。それは聖徳太子様は観世音菩薩《かんぜおんぼさつ》の御化身《ごけしん》でましますということに気づいたのです。観世音菩薩には三十三身の願があって、その中には童男身《どうなんしん》、童女身《どうにょしん》という御本願があって、第三十四の童女身の願のことを思い出して、観世音菩薩は近く童女身を示現して裕子となって私を済度《さいど》せんとしてくださっておったのであったと気づくなり、愛別離の悲苦は消し飛んで、ただもう有り難うと礼拝せざるを得なくなったのであります。

自分の姪じゃとか、愛しておる自分の所有品のごとく考えたり、それを失ったとか、奪われたとかと、後悔することの愚痴から免れられたのでありました。その後も想い出すたびに、愛着心からの愚痴も起こり、別離の悲しみも起こりますけれども、どれが正しい見方であるかということが明瞭になったことによって、永久の愚痴は起こらなくなったのであります。

ただ残る問題は彼女のことではなくて、むしろ自分の問題であります。今日までかかる多くの愛別離苦に遇い、そして観世音の御化導と如来善巧の御方便を被っておりながら、自分の道を一歩でも前へ前へと踏み出して、自分が助からないことには、彼の方便は無駄となり、彼らのご苦労も水泡に帰することであって、まことに申し訳のないこととなるのであると、気づかしていただいておるのであります。

私一人のために調《ととの》えられておる世界であり、育てられておる慈光の中において、私一人が助かって真の道に出で、真実の幸福者とならないならば、人世は真に勿体ないことであり、彼に対しても済まぬ次第であります。私一人が真実信心の人となって、助かったものとなることが彼らのご苦労を生かすこととなるのであります。

その上にもなお彼女のことが気になって、憂い悲しむとならば、彼女を救うことを考うべきであります。それが彼女に対する親切の唯一の道であります。それは自分のために泣くのではなく、真に彼女のために泣くのであります。真に彼女の上を思うならば、やはり自分の助かることが先決問題であります。

『歎異抄』第四節に云く、

慈悲《じひ》に聖道《しょうどう》・浄土《じょうど》のかわりめあり。聖道の慈悲というは、ものをあわれみ、かなしみ、はぐくむなり。しかれども、おもうがごとくたすけとぐること、きわめてありがたし。浄土の慈悲というは、念仏して、いそぎ仏になりて、大慈大悲心をもって、おもうがごとく衆生《しゅじょう》を利益《りやく》するをいうべきなり。今生《こんじょう》に、いかに、いとおし不便《ふびん》とおもうとも、存知《ぞんじ》のごとくたすけがたければ、この慈悲始終《しじゅう》なし。しかれば、念仏もうすのみぞ、すえとおりたる大慈悲心にてそうろうべきと云々

（聖典六二八頁）

五、繋縛を解く光―怨憎会苦―

一

人生苦、すなわち人間苦としては、数限りもない沢山な種々無量の苦悩があることですが、その無量苦、一切苦を四苦あるいは八苦として知らされておることでありまして、その一つとして怨憎会苦《おんぞうえく》が数えられておるのであります。即ち怨憎会苦という苦しみ悩みは、一切苦の中での大なるその一つであります。

怨《おん》とは、うらむことであり、恨むというのと同類のものであり、うらむ心が我が心に長く残って深いのを怨というのであります。これには恚《い》といって、いかる心がつきものであります。それゆえに宿怨《しゅくえん》とか、怨恨《えんこん》とか、怨敵《おんてき》とか、怨憤《えんふん》となるのでありましす。辞書には、怨は恩の反対であるとありますから、恵みを受ける反対であり、恩人の反対感は怨敵の感であります。

憎とは、にくむことであり、愛する心の反対であって、憎悪《ぞうお》といってにくむ心であります。

人生における苦悩の一つとしては、かかる宿怨のある仇敵《きゅうてき》のような、怨めしい人間や憎々しい人間と会合せねばならぬという事が、大なる苦悩の一つとなっているのでありま す。不倶戴天《ふぐたいてん》の仇ということがあります通り、そんな怨めしい憎い者と、毎日でもあるいは時々でも会合せねばならぬということは、何ともいえぬ苦しいことであります。事実として眼前に会することも苦しいことであるが、たとい三年五年会わなくても想い出すだけでも腹が立って、じっとしておれないほどの苦しみに陥ることがあるものですから、倶に天を戴かずというように、同じ世界に一所に住んでいるのかと思うと、堪らなくなるほどの苦痛を感ずることさえあるのであります。

復讐心《ふくしゅうしん》から仇敵を尋ね探して、彼を殺さねばこの業腹《ごうはら》が癒《い》えぬといって、一生涯五十年も六十年もただこの事のために費やしてしまった人も、昔から随分多くあるのです。それが自分の一生とか一代だけではなく、仇討ちというものは自分が彼の仇敵を殺して宿怨を晴らすと、彼の子が親の仇だといって我が子の代になっても、二代も三代もこもごも宿怨を晴らすために、何代も何代もこの事のために、一生を費やしているような場合もあるほど、強い執心となるのであります。

怨憎会苦というものは、種々な場合において多種多様でありますけれども、これを最も代表的にいえば「嫁と姑《しゅうとめ》」と古来いわれているのもその一例であります。あながち、嫁と姑が必ずしも仲の悪いものとは限らないのであって、世には珍しいと賞讃せられている親愛なる嫁と姑もありますけれども、珍しいと賞められるほど少ないものでありまして、多くは気も合わず性も合いにくいものであって、怨み憎み合うのが十中の八九間違いのないところであります。実際はどちらが善でありどちらが悪いためであるかわからぬとしましても、現に怨み合い、憎み合うている者同士が、一つ家に住んで、毎日会合せねばならぬということは、苦しいことであります。時には病気になったり、時には自殺するほどに苦しむものであります。

最も親愛すべきはずの、夫婦というものが、互いに怨憎し合って、しかもかかる者が一つ家に住まねばならぬとか、毎日会合せねばならぬということは、何といっても人生苦の大なる一つに相違ありません。それは本来が最も親しかるべきはずに定められておるだけに一層怨めしく憎くなるのでありましょう。夫婦というものは敵《かたき》同士の生まれ替りであるとさえ言われておるほどに、互いに怨憎心を起こして、仇敵のような心になったり、怨憤を心中に結んだりして、この苦悩が積もりつもって高潮するときは、一方を殺したりします。他を殺す勇気がない時には、自分で自分を殺すに至るものであります。それほどに強い苦しみであり悩みです。本妻と妾《めかけ》の場合も同様であります。夫婦の間ばかりでなく、親子の間でも怨憎苦に悩んで、ついには仇敵のごとくあいつが死ねばよいと願い合うほどになることさえあります。兄弟同士でも怨憎会苦に悩んで顔を見るのも嫌であるとか、ものをいうのも嫌であると思いながら、その両方が会うて苦しむことがあり、兄弟喧嘩に花を咲かして大事に及ぶこともあります。

親類同士でも、ふとした事柄から宿怨をもち合って長く絶交したり、絶交しても心は想い出すたびに怨憎会苦を感じたり、時には実際に会合せねばならぬことさえ生じて苦しむことがあります。

それのみならず、会社に勤めたり、または同一主人の下にありながら、同僚同士が、いろいろのことから怨みをもち憎しみをもって、怨恨が積み重なって仇敵のような心を抱きながら、毎日、互いに会合して一所に仕事をしたり暮らしてゆかねばならぬことがあります。学校であっても、病院であっても、事業団体であっても、衆人の寄り合う所で働いてゆく人々には、横に同僚友人の間において怨憎会苦に悩むものであり、時には、上に対して上役や主人とも怨憎会苦の悩みをもちながら、苦しい苦しいと思いつつ生活してゆかねばならぬということは、まことに辛いことであり、苦しいことであります。これがこの世界における現前の事実であり、かかる苦悩をもっておる人々は、何とかしてこの苦悩を脱したいと念願せざるを得ないのであります。

二

かく人々は怨憎会苦に悩むところから、何とかしてかかる苦しみから免れたいと願い、種々に工夫を凝らして、いろいろと工作を試みます。

多くの人の場合は、会合することが苦しいから、それがためになるべく会わないようにするという方法を講ずるのが常であります。それがために、たとい会わねばならぬことがあっても顔をそむけて見ないようにするのであります。またその声を聞かないようにしたり、無論、彼とは話さないような方法をとるのが普通一般であります。想い出すさえ切なく思うことから、なるべく忘れるように努力したりするのです。

それが嫁と姑《しゅうとめ》の場合であるならば、毎日会わぬというわけにはゆかないものですから、なるべく面《かお》をそむけるとか、なるべく話をせぬという方法を互いに取るのですけれども、どうしても怨憎会の苦は免れないのであって、もとより忘れておるということはできないのですが、それでもなるべく外出するとか、親類回りをするとかして、暫時でも忘れようとするのです。

しかしながら畢竟するに、会わぬということはできぬことであり、話さぬということもできないことであり、忘れることもできないのですから、日々は互いに怨憎会苦に悩みつつ一日一日を過ごしているのであります。かかる苦しさが耐えられなくなりますと、ついには別居問題が提出されるようになって、若い夫婦が別居したり、親を別居さして隠居生活をさすようになるのです。これは、見ず聞かず忘れるという目的をやや達する方法であります。しかしそれによって怨憎がなくなったかといえば、親にも子にも怨憎会苦が減じただけであって、無くなったのではありません。むしろ、親にも子にも、嫁にも姑にも、言い知れぬ淋しさと悲しみが残っておるのであります。それは何といっても平和ではなく真の幸福ではありません。真の幸福は互いの和合、平和、和楽でなければならぬのであります。

夫婦の場合においては、単に気が合わぬとか、他の事情のために、怨憎の心を起こし合って互いに怨み憎み合いながら、一つ家に住まねばならぬという場合もあります。多くの場合は、相互の間に嫉妬心《しっとしん》というものが起こって、それがために一層怨憎の心を盛んならしむるのであります。第三者がなくてさえ嫉妬心は起こりやすいものですが、多くの場合には第三者である女性が存在して、それがために夫と妻というものが怨憎する間柄となって、怨憎するものが一所に会せねばならぬことが一つの苦悩となるのであります、男が愛人を有する場合には、妻は夫に対して怨み憎む心を抱いて、その怨憎の相手である夫と会し住まねばならぬことは、人生の一大苦痛であります。

男が愛人を外に蓄えているという場合、男は案外平気であっても、女にあっては日夜に苦痛を感ずる有様は悲惨なものでありまして、不眠症となったり、神経衰弱となったりします。黒々とした髪の毛がすっかり脱《ぬ》けてしまいましたと、ある時、一老媼から、昔話をひそかに聴かされたこともあります。これによって怨憎会苦というものが、どんなに烈しいものであるかということが解ります。

それゆえ、かかる苦しい目に遇った人は、人知れず種々様々な方法を講じて、知恵のありだけを尽くし、思案のあるかぎりを尽くして努力してみるのであります。しかし八大苦悩の一つに数えられているくらいですから、これはどうにもならないのであって、結局はまたもとのままに引きずってゆく生活よりほかはないのであります。

主人に対して妻が怨憎苦を感ずるだけでなく、主人の愛人とか妾に対しても、もとより大なる怨憎会苦を感ずるのでありまして、会う時ばかり見た時ばかりでなく、眼に見なくとも、心に思い浮かぶだけで、会う以上の苦を感ずるのであります。

見ず語らずとも、忘れることができないのであります。かかる時、この苦痛をいかにして脱すべきかであります。夫と妻と二人の場合だけの怨憎会苦ならば、夫を家より去らしむるか、自分が家を離れるかの方法よりありません。夫が妻を見ず語らず忘れる方法もまた同様であります。

愛人愛妾のある場合には、愛人というものを夫より離れしむることができるならば、愛人愛妾という第三者に対する怨憎の苦はなくなるのであります。それゆえに、夫より第三者を離れしめようと種々の方法が講じられるのですが、それによって目的が達せられるならば問題はありませんが、どうしてもかかる目的の達せられない場合において、最も悲しみ悩むのであります。

仏教では、業ということがいわれていますが、業とは人力自力を尽くしてもどうにもならないことをいうのです。あらんかぎりの力も心も尽くしたが、どうにもならぬところに、一層悲痛が噛みしめられるのであります。離れしめんとすることは、自分の苦しむ心をなくしたいのであって、ついには自分の苦の切なさから、彼を亡きものにせんとさえ考えるようになるものであります。

女が男に対する場合ばかりでなく、男が女に対する場合にあっても同様でありまして、嫉妬心の強いということは、女ばかりの特性ではなく、男の方がかえって強い場合も多々あるのであります。

ともかくも、何とかしてこの苦をなくしたいと願いながら、何ともならぬところに怨憎会苦の悲泣があるのであります。

気の合わない親と子、放蕩息子をもった親の怨憎会苦、『無量寿経』には、

父母《ぶも》教誨《きょうけ》して、目を瞋《いか》らし譍《ことば》を怒らして言令《ごんりょう》和《やわら》かならずして、違戻反逆《いれいほんぎゃく》す。たとえば怨家《おんげ》のごとき、子なきには如《し》かず。（聖典七三頁）

とあって親と子の互いの怨憎会苦の有様が述べられてあります。かかる苦を免れたいために種々に手を尽くすのですけれども、善き方法が見出せないために泣いているのです。

継母と継子の場合にも、互いに怨憎会の苦しみに、さいなまれているのでして、種々に方法が講じられますけれども、なかなかうまくゆかないので、互いに泣いているのであります。

会社とか団体に勤めている中における怨憎会苦であっても、同様でありまして、何とかして胸を広く寛大であろうとしたり、あるいは彼を自分の目の及ぶ範囲から遠ざ

けんとしたり、種々に方法が考えられたりすることでありますが、彼としても同様に考えているのですから、つまりはどうにもならず、退くにも都合が悪いし、彼を去らしむることもできないといったところに、もちあぐんで苦しんでいるのが怨憎会苦というものであります。

要するに、種々に方法が考えられ、千々に心をくだきますけれども、結局は、自力的方法では何ともならないのであります。

三

怨憎会苦という苦悩は、人生苦の大なるその一つであり、誰人も多少とも経験せないものはないのであります。それゆえ、何とかしてかかる苦しみから離れたいと思い、これを無くしたいと思って、種々に工夫を凝らし種々に方法を講じてみるのです。あるいは自分の手や口や行為をもって努力してみたり、彼に対し種々の工作をしてみたり、あるいは内に自分の心構えを変えてみたり、それはそれは種々に方法を尽くしてみるのであります。時には、自分の心持ちを変えることによって、彼との仲がよくなることもあります。また口や行為を改めることによって平和になることもあり、彼の境遇を変えることによって平和になる場合もあります。それゆえに、彼の上についいて、また我の上について、種々の工作を試みることも必要なことであります。しかしながら、そんなことによって互いの怨憎苦が和親安楽と変わるならば、それは、まだ問題が軽いのであります。しかし、多くの人が泣くよりほかはないと苦しみ悩むのは、それらの工夫や工作によっても、どうにもならない場合のことであって、それが真の怨憎会苦というものであります。かく自力的の方法によっては何ともならないこの人生苦というものは、どうすれば助かり、どうすれば免れることができるであろうかということが、最後の難問題として残るのであります。

わが親鸞聖人は、かかる怨憎苦に対する除苦悩法として、『浄土和讃』の第五首目に、それを示しておられるのです。

清浄《しょうじょう》光明ならびなし
遇斯光《ぐしこう》のゆえなれば

一切の業繋《ごうけ》ものぞこりぬ
畢竟依《ひっきょうえ》を帰命《きみょう》せよ
（聖典四七九頁）

と申されているのであります。怨憎苦に悩んで泣いている人は、この一首の和讃の意をよく、味わうべきであります。すなわち自力的方法によってどうにもならず泣き続けてきた問題が、必ず、他力信によって助かって、一心の解決と救済を得るに相違ないのであります。

清浄光明ならびなし

とは阿弥陀如来のことであり、如来光明の威徳の勝れておることを示されたのであります。自分の考えたいかなる方法も効果がなく、他の人間の考えたいかなる方法も何の助けともならず、また諸神諸仏菩薩によっても、何ともならないこの怨憎苦も、阿弥陀如来の光明に接してこそ、助かるということであります。

遇斯光のゆえなれば

とは、如来のかかる光明に遇うことであります。斯《こ》の光に遇うとは、信心のことであって、信によって斯《こ》の光明に遇うことができるのであります。信心によって斯《こ》の光に遇えば、この御光の力は一切の業繋を除去してくださる御力であるから、怨憎会苦がたすかるのであります。

四

怨憎会の苦悩というものも「一切の業繋《ごうけ》」の中の一つであります。「業繋」とは汝の現に今悩んでいる苦しみのことであります。苦しみの有様を「繋」というのです。繋とは繋縛ということであって縛とはくくられている相であって、どうにもならぬことであり、自由にならず束縛されておる苦しみであります。束縛の苦しみ自由なき苦しみとはどういうことであるかといえば、同じ所におることのできぬ苦、さればといって離別してゆくこともできぬ苦であって、入出共に自由が得られないから苦しくてたまらぬのであって、束縛の苦であります。身体は束縛されていなくても、心が束縛されているのです。繋とは、つながれている犬のように、少しは自由があるけれども真の自由ではなく、綱は弛《ゆる》んでいるのであるけれども、いよいよとなると鋼鉄の鎖《くさり》につながれているように、切り離して自由を得ることができないのであります。

夫婦問題でいうならば、妻が夫に対する怨憎苦によって耐えられぬならば、離別すればよいのであります。離れてゆくならばこの苦しみから免れられるのであります。男も同様であります。さなくば忍苦して、否、忍苦ではなく満足して、その境遇に安住することであります。繋縛の苦は繋縛の綱を切るか、しからずは、断ち切ろうとせずに、満足して安住するかであります。そのどちらかができれば、この苦は無くなるのであります。しかしながら、そのいずれも出来ないところが業であり「業繋」と申されているわけでありまして、それが業苦といわれる所以であります。自分の力ではどうにもならぬのであって、切断することも、静かに満足して落ち着いていることもできないのが、業といわれるわけであります。長らくの間、前生《ぜんしょう》からか、今生《こんじょう》に生まれてからか、十年二十年の前からか、自分の造ってきた悪と罪の業報によって現在の結果となってしまったのだから、いまさら自分の考えや行為によって、自力では無くすることができないのを業というのであります。業繋でありますから、どうにもならないのです。ただ一つこの綱を切断する力は、如来の清浄光明の威神力よりほかにないのであります。信は遇斯光《ぐしこう》でありますから如来の威神力《いじんりき》をいただくのであります。それゆえ、信があり、この光に遇うてこそ業繫がなくなるのです。如来の威神光明力のはたらきによって、信力が威神力となるのであります。これが親鸞聖人が信を勧められる所以であります。

会社なり役所なり、学校なり、商店なりに勤めている人々にも、怨憎会苦に悩んでおる多くの人々を知っておりますが、それも同様であります。もし苦しさに耐えられないならば、会社なり役所を離れればよいのです。離れられないならば満足しておれるだけの心になることであります。しかるに多くの場合離れられるとも思い、離れられぬとも思い、また辛抱して満足できるようでもあり、不満になって辛抱できないようでもあって、業繫を切る力もなく、満足する度量もないために、綱を弛めてみたり、引っ張ってみたりして、綱の繫を恨めしげに眺めているばかりであります。即ち「力」がないのです。力がないのが恨めしくなるのであり、人生をはかなむようにもなるのです。悪い譬えでありますけれども、犬が鎖で繫がれているのを見ますと、実によく似ているのです。何がためであるかというと欲のためであります。貪欲のためであります、生活のためであります。金のためであります。財産のためでありますけれども、あるいは自分一個のためばかりでなく、親子兄弟のための場合もありますけれども、それも畢竟は全体を担うている自分一個の問題であります。財のためでなくても名誉心のための場合もあります。つまりは名と利とのためです。それがそうとわかったからといっても、名も利も考えないわけにはゆかないのですから、引きずられているところが業繋であります。

名と利とのために業繋の苦を抱きながら、引きずられておるということは苦しいことであって、つまらぬことであります。お経の中に転輪王《てんりんおう》の皇子が悪いことをして罰をうけ、立派な宮殿の中に入れられて、禁足のために金鎖をもって繋がれた不自由さと不満の苦悩というものが説かれてありますが、世間には宮殿のように物質的の方面は何らの不自由がないけれども、脚を黄金の鎖でくくられておるような、業繋の苦に悩んでおる人も多くあるようです。鎖が黄金とまではゆかず銀くらいな鎖や、鉄の鎖や、麻縄《あさなわ》ぐらいの境遇の人をも知っています。

ともかくも、不安と不平と不満ながらに生活するということは、自分にとっても苦しいつまらぬことですが、周囲の人にとっても面白くない苦しいことです。満足して安住することもなく、離れてもゆけないようなものであっては、会社でも学校でも役所でも、善い成績もあがらず能率も上がらぬ不為《ふため》なことであります。小にしては一家庭の損失であり、大にしては社会国家の損失であります。いよいよ信の切要にして重大事であることが思われます。

五

親鸞聖人をしていわしめれば、信のみが解決の唯一の方法であるから一言にしていえば「信を求めよ」と申されているのであります。信がないということは、仏がないことであります。仏を知らぬから光がないのであり、光がないから力がない、光と力がないから動けないのであって、同じことを繰り返しているばかりであり、狭い円周を回ってばかりおるのであります。そこには静もなければ動もない、出てゆくこともできぬが、じっと受けてゆく力もないのです。光明がないから静かに満足しておることもできないのであり、離れて行ったり出てゆくにも不安なのであります。心には光がなく闇ですから、現状のままじっとしているより仕方がなく、苦しいけれども、それよりできないのであります。

自力でどうすることもできない業繋であることを知らない人は、無理無体に自力で処置しようとがんばるものですから、自分が負けてしまって、自分をつぶすより仕方がなくなって、自殺する人さえあります。これは自力我慢の罰であります。他力の大道のあることを知らないから、道がなくなっての窮余の愚策であります。もっと大事な為すべきことのある我が身であることを知らないのです。

「釈迦《しゃか》に提婆《だいば》」といわれているように、釈尊にも怨憎会苦があったのでありまして、それは免るべからざる人生の有様であります。しかし釈尊には業繋でなくして、善知識であったのであります。我は提婆があったから成仏得道することができたのであると、師とし恩人として見ていられるのであり、しかも、のびのびとして生きてゆかれたのであります。感謝して「提婆如来」とさえ申されているのです。

「太子に守屋《もりや》」といって聖徳太子にも怨憎会苦があったのであります。しかも、我と守屋とは離るべからざる因縁《いんねん》であって、世々生々《せせしょうじょう》我の生まれる所には必ず守屋もまた生まれあわすことであると断定していられたのでありまして、是非離れようとも念願しておられないのです。

こうなると憎い者を無くするとか、自分が避けるというのではなくて、御心に怨憎苦がなくなって、御心の光は彼をも包み、御心の力は、彼に負けたり苦しめられたりせられなかったのであります。無くするのでもなく、また無くなるのを待つのでもなく「有って無くなる」のであります。「障《さわり》多きに徳多し」の風情であって、すべては光であって、自らを養い育てる資糧となったのであります。

これを善巧方便というのです。怨憎会の苦に遇うても、これを善巧方便として味おうてゆかれたのです。ある人は、私の業だから、業報だから仕方がないといって、諦めてじっとしている人があります。諦めておるようですけれども実は決して諦められておらないのです。諦められもせぬ苦悩をいだき抱えながら、諦めたつもりになって、一生かかえて死んでゆくような、哀れな悲惨な人も多くあります。諦めるということは己の業ということを知って、如来にゆき、そして、助かった上から、かかる怨憎会苦も善巧方便であったと喜ぶようになったのが真に諦めたのであります。しかるに、ある人はこれも善巧方便である、あれも善巧方便であるといって、いつまでも辛抱している人があります。それは善巧方便という詞《ことば》を習っただけであって、苦しいことがあるとその事に善巧方便という札を貼って辛抱したり我慢したりしているのであって、それは善巧方便ではありません。この世は如来の照護のある世界であります。如来の御慈悲は怨憎会苦を善巧方便として、わが罪業を知らしめて如来に向かわしめ、本願に帰命する身とならしめんとしていられるのですから、怨憎会苦というものも、それは自分の業報であるばかりでなく、如来の善巧方便の慈心が籠っているということであります。すなわちかかる苦悩によって、自分というものを自覚して、道心を発《おこ》さしめんとしていられるのであります。それゆえに業報じゃとか善巧方便だとかいって、じっとそこに止まって、泣いたり憤ったりばかりしておらずに、動いてゆけということであり、助かる道を求めて前進せよということであります。

本願に帰命する信に達すれば、如来の光明を知って、信力というものが出来て、そこにおいて助かるのであります。助かった人こそ仏を知る人であり、光明を知った人ですから、この人こそ初めて離れてゆくこともできるのであります。離れなければならぬ時には離れていっても、やはり光の中であり、仏に護られ支えられていることを知っておるのであります。離れてゆくことが自他のためであり、現在の苦悩をなくする良き方法であることを知りながら、離れてゆけないということほど苦しいことはありますまい。それは何故であるかというと、出てゆくこと、離れてゆく外の世界に光がないからであります。

仏を知ったものは光を見ることですから、仏に依って生きており暮らしているのでありますす。光の中でありますならば、そのままに満足して安住してゆくこともできるのであります。すなわち善巧方便であったと感謝礼拝することもできるのであります。しかるにそのままに受けてゆけないという心には、きっと、光明がないのであります、仏がないのであります。

信がないから仏がなく、仏がないから光がなく、光明を知らぬほどの人は、ただ苦しいことがなくなればよいと欲ばかりを考えている人であり、そしてこの苦しい原因は人であって、人が悪いからであるとばかり思っている人であり、自分の相が見えない人でありまず。自分の苦しむのに無理はないと思い、自分には怨憎せられるような欠点や、悪いことはないと思っているのでありまして、自分の真相の見えない人であります。したがって人の善いところや、有り難いことや心尽くしや、人の苦しんでいることや、人が自分を怨憎するのも無理はないというような点は一切見えないのです。これを「世《せ》の盲冥《もうみょう》」と申すのであります。これが無眼人《むげんにん》といわれる所以であります。

六

人を悪いとばかり思っていますが、人が自分を怨憎するようになったのは、果たして彼と我とどちらが悪いのだろうか。自分が人を怨憎するようになった原因は果たして何であるか。そんなことを考えてみたことがありますか。昨日は彼が悪かった、今は彼がかくかくであるといって、原因はいつも彼にあって自分にあるとは思えないのが普通ですが、そのもう一つ前は、その前はとたどりたどりて考えてみたことがありますか。二つ三つと数えるような事柄ばかりでなく、長い年月に自分はどんな心をもって彼に対しておったかと、考えたことがありますか。業繋という綱は彼の首と自分の首とにかかっているのですが、彼がかけたこともあれば、自分がかけたこともあって、幾度も幾度も何重にもかかっているのです。自分に罪がなく悪心もないものを誰が怨憎するでしょう。もし真に自分に悪いことが少しもなく、神仏のような自分に対して彼が誤って怨憎しているのならば、誤りは早晩明白となって、彼が謝罪したり、怨憎を後悔して、親愛してくるに定まっていますから、安心して可なりであります。

ある人の実話ですが、私の知る人の友達のことであります。その主人に愛妾があって、それがために十何年間というものは非常に苦しんだのでありまして、ついには自分が死のうと思うたことさえ幾度あったか知れないのであって、最後には彼を殺してやろうと決心したことさえあったのでしたが、それほどに苦しみ悩んだことが縁となって、聞法求道《もんぼうぐどう》するようになり、苦しさに一心に聴聞《ちょうもん》してついには自分の恐ろしき姿にも気づき、如来の本願の広大な御慈悲に接して、自分が助かって幸福者となって顧みれば、彼が敵となってくれたればこそと思えてきたのであります。もしかかる苦悩に際会せなかったならば、大法に接することもなく、ただ人を恨み世を恨んで、苦しむばかりで一生を終わったことであったのにと思うと、途中に妾の後ろ姿を見て拝むようになったと喜ばれているのであります。もし昔のままの自分であるならば、ほんとに怨憎会苦を嘗めて彼の後ろ姿を見る時には、この心が張り裂ける想いであったのにと、恐ろしき自分の心を毎度懺悔せられるのであって、一緒に連れ立って歩いている時に、その妾を見ても実際に懺悔と感謝をせられるのであって、嫉妬心の強い女というものは、なかなかそんな心になれないものですのに、仏力というものは不思議な御力ですと、感嘆して話し聞かされたことがあります。

信は光であり力であるといっても、あながちに怨憎の境遇から逃げ出すがよいということではありません。もとより、離れたり別れたりせねばならぬのに、離れられないということは苦しいことであります。苦しいけれども、じっとしておらねばならぬということは切ない悩みであります。

また、その境遇にそのままおることが自他のために、ちょうどよきことであるのに、心は嫌悪《けんお》して離れ出ようと思えてならぬのも苦しいことであります。つまりおらねばならぬのに出ようとし、出ねばならぬのに居すわるということは、いずれも苦しいことであります。無理なことをしつつ、悶えているものです。

しかるに、ひとたび、信によって「遇斯光《ぐしこう》」の身となれば、自《おの》ずから出るべく、離れることがよいならば、出てゆくことでありましょう。また離れずにそこにおるべきならば落ち着いて安住できることでありましょう。自力のはからいと、我欲のわがまというものが無くなることができるというと、入出ともに自在な心となって、初めてそこに、出るべきか止まるべきか、いずれとも取るべき正しい途が選ばれてきて、判然と自覚されてくるものであります。

かくのごとく信に立ちて、畢竟依《ひきょうえ》の仏に帰命《きみょう》する身となれば、如来の光明の御はたらきによって、自分の心も変わってゆき、また他の心も変わってゆき、境遇というものも、かつては自分の力でどうにもならなかったものが、仏力自然《じねん》に変化して外界の境遇というものまでが変わってきて、出てゆかねば生きておれぬと思ったほどの境遇が、生きやすいようになったり、あるいは出たいと思っても出られなかった境遇が出られるようになったり、また入出自在の力も与えられ、境遇に応じてゆく力もできたり、事実上、境遇までが思いがけなく変化したりする不思議な世界の風光となるものであります。これを「生死に処して疲厭《ひえん》なし」というのであり、かかる風光を、仏に従いて逍遥《しょうよう》して自然《じねん》に帰す。（「真仏土巻」聖典三二一頁）

とも申すのでありましょう。

六、少欲知足の心―五陰盛苦―

一

真宗は何を教うるかという問題に対して、真宗とは苦悩を除く法を教うるものであって、「除苦悩法《じょくのうほう》」であるということを述べてきたのであります。すなわち苦を無くし幸福になる法であるということを示してきたのであります。そしてその苦とはどんな苦であるかというと人生一切の苦であって、吾人の有している現在の人間苦でありま す。これらの苦を無くするということが真の幸福となることであり、これがなくなったことを救済といい、助かるというのであります。

苦悩とは、身の苦しむのを苦といい、心の苦しむのを悩というのですが、身と心を分けていえば二つのようですけれども、実は身が苦しんで心の苦しまぬということはなく、心が苦しんで身の苦しまぬということもなく、身と心とは二つに分けていうものの、実は離すことのできないものであって、結局は心の問題となるのであります。ですから苦とは心の問題であり、その苦を詳しくいえば生死の苦、即ち生の苦と死の苦の二つとなり、なお詳しくいえば、生苦と老苦と病苦と死苦の四大苦となり、なお一層詳しくいえば、愛別離苦《あいべつりく》と怨憎会苦《おんぞうえく》と求不得苦《ぐふとっく》と五陰盛苦《ごおんじょうく》との四苦を加えて八苦となるのであります。人間苦としての一切の苦悩は、この八苦をもって根本のものとして代表して示されているのであります。

それゆえに、人間として人生生活中にあって、この八大苦が我が心に存在するかぎり、いかに幸福になったように見えても、それは真の幸福ではなく、依然として苦悩生活より脱することはできないのであります。

ですから、苦悩多き不幸な生活が真に幸福なる生活となるためには、まず八大苦とはどんなものであるかということを知り、そしてその一つなり二つなり、あるいはすべてをもっているかどうかということを知らねばならぬのであり、そして助かる法を求めなければならぬのであります。それゆえに、くどいようですけれども私は八苦の一々について述べて、その七苦までを示してきたのでありまして、今は最後の一つであるところの五陰盛苦が残っているのであります。

五陰盛苦《ごおんじょうく》とは五蘊盛苦《ごうんじょうく》ともいうのであります。陰とは積集の義といって物が積み重なり集まることであります。すなわち多く集まり積み重なって盛んになるということです。また蘊とは衆多和集《しゅうたわじゅう》といって、物が多く一所に集まることであります。すなわち多く集まり積み重なって盛んになるということは、苦しみもまた盛んになるということです。即ち物の盛んになる苦ということであります。

その五つとは何であるかというと、色《しき》・受《じゅ》・想《そう》・行《ぎょう》・識《しき》の五つであります。この五つのものは各々集まり積み重なって盛んになることによって、苦も盛んになるのであります。

色とは物質のことであります。受・想・行・識とは心の作用、はたらきであります。すなわち物と心との関係でありまして、物に対して心がこれを受け入れて感受する有様であります。

色とは、狭くいえば吾人の身体のことであります。身体というものは物質であり、物質の積集でありますから、之を色陰《しきおん》というのであります。簡単に云えば五根《ごこん》というのです。五根とは眼と耳と鼻と舌と身とであります。すなわち肉体の全体を五根というのです。五根という肉体と受・想・行・識という心の作用というものによって、人間の一身というものが成り立っているのであります。すなわち人間というものは、自分の肉体である手足身体というものをもっておって、それを絶えず心が感受し、感覚によって感受することから始まって、次には、いろいろと想像をめぐらす作用をなし、だんだん想像がはっきりして行となり、想像したものに対して、はたらきかけてゆくようになり、好きなものならば取らんと思い、嫌いなものに対しては腹を立てて捨てんとするようになるのを行陰《ぎょうおん》というのであります。

他の物に対してかくはたらきかけてゆく最後は、意識してこれは自分のために取るべきものであるか、真に捨つべきものであるか、是か非かと物質を意識して弁別する能力をあらわすものでありまして、この識が心の作用の根本本体であります。心が心以外の他の物質に対して、受から想となり行となり識となりて、次第次第に深くなり明らかになるように作用されてくる有様であります。肉体物質というものと、これが心の内に次第に深まり明瞭に意識されて、朝から晩まで毎日毎日身体という物質と心との交渉がはたらいているのが人間というものであります。これは身心の関係であって、人間としては一日たりとも身心の関係がはたらき合うていないということはないのであります。

かくのごとく身と心との関係相和が一身というものですが、身とは物質をあらわす言葉であって、それをもう一つ広げると一身以外のあらゆる物質ということとなるのであります。一身以外のあらゆる物質とはこれを五境《ごきょう》というのであります。五境とは五根に対して五境というのでありまして、五根とは我々の身体のことであり、つづめていえば、眼《げん》・耳《に》・鼻《び》・舌《ぜっ》・身《しん》であります。根とは器官ということであって、眼という器官によって心に感受してくる外境の種々の物質のことを眼境《げんきょう》というのです。また耳根《じこん》によって心に感受されてくるあらゆる外境の種々の物質のことを耳境といい、鼻根によって感受されてくる一切の種々の物質を鼻境といい、舌根を通して感受されてくる種々の物質を舌境といい、身根という触覚によって心に感受されてくる、あらゆる外境の物質を身境というのであります。それゆえに五境とは自身以外の一切の物質のことであります。

一人の人間としての我というものは、肉体と精神、物と心、即ち身と心から成っているのでありますけれども、心をもっている我という一人の人間は、必ず身をもち身という物質を感受し意識するのみならず、心を有し身即ち五根という五官を有する限りには、五根を通して一切の外界というものを感受せずにはおれないのでありますから、色陰《しきおん》ということも狭き意味では一身の肉体である物質のことであるけれども、広き意味としては五根の外境であるところの一切の有形の物質の総体を指して色陰というのであって、心の意識する一切の対象のこととなるのであります。

繰り返すまでもありませんが、五陰盛苦とは人間苦の一つでありまして、人間と物質との相違は心があるか無いかということであって、有情《うじょう》と非情物との相違は心が物に対する感受性をもつということであります。色陰とか色蘊ということは肉体なり外境ということでありまして、これに対する心のはたらきは、日夜休むことがなく積重しますからその心の作用を受陰とも想蘊《そううん》とも行蘊とも識蘊ともいうのでありまして、かかる受・想・行・識という心の作用が盛んにはたらくというようになると、苦しみが盛んになるのであります。反対にいうとかかる一種の苦悩は、受・想・行・識という心の作用があまりに盛んにはたらき過ぎるということであって、はたらき過ぎるということは肉体を通して感受されてくる外境の外物があまりに盛んになり過ぎるからであります。

お互い人間というものは賢いようでも愚かなものでありまして、肉体はもとよりのこと、肉体以外のあらゆるもののすべてが、多くなり盛んになりさえすれば苦しみがなくなって幸福になると考えているのでありますが、実は盛んになるがために苦が増したり苦が一層盛んになってゆくということを知らないのであります。

二

私ども凡夫は、何でもものが盛んになりさえすれば幸福であると、一途に思い込んでいるのであります。

肉体も盛んになればよい、精神も盛んになればよいと考え、そればかり望んでいるのであります。けれども静かに考えてみますと、肉体があまり盛んになるということは、かえって苦しいことが増してくるものであります。

あまり太り過ぎても、いろいろ苦しみが増してきます。身体を盛んにしようと思ってかえって糖尿病になったり、腎臓病になったりして苦しんでいる人もあります。あまり肉体が盛んになり過ぎて、勉強のできなくなる学生もあります。眼が盛んに働き過ぎるために苦しくなったり、耳が盛んに働き過ぎて苦しむ人もありますから、あながちに肉体が盛んになるということが、幸福になると定まったものではありません。しかるに私どもはただ盛んになりさえすればよいと思い込んでいるのですが、それは誤りであります。したがって受・想・行・識という心のはたらきが盛んになればよいと思っているのも誤りであります。心があまり働き過ぎるというと神経衰弱になったり、ヒステリーになったり、病後の人や長く病気している人などは、心の働き過ぎるために苦しんでいる人が多いのであります。不眠症にかかって苦しむのもその一つであります。さればといって、その反対が必ずよいとか正しいとかいうわけでもありません。すなわち肉体が衰えて盛んでないのがよいのではありません。痩せているのがよいというわけでもなく、眼も耳も鈍感なのがよいというのでもありません。また心の働きがにぶいのがよいのでもないことは無論のことであります。要は肉体の盛んにも限度があり、太るにも限度があり、心の働くにも限度があって、身心の調節がなければならず、調和がなければならぬのであります。その調和とか調節というものは、その人の相応ということでなくてはならぬのであります。他の人は他の人相応というものがあり、自分には自分相応というものがあって、自分に相応しないならば、身心の調和というものも調節というものもなくなるのであります。

しかるに、そんなことは少しも考えずして、肉体も精神も現在以上に盛んになりさえすればよいとばかり考えたがるのは、正しくない考えであり誤解でありますから、その結果は安楽とならずに苦悩となるのであります。私ども人間の苦しみの一つとしては、身心が盛んになり過ぎて困っていることと、あるいは身心の盛りのみを欲して、それが得られないことに苦しみ悩んでいることとありますが、それは一途に盛んになりさえすればよい、盛んになりさえすれば、現在の苦はなくなって安楽になると考えているからでありまして、つまり、それは貪欲心のためであって、結局は愚痴であるからであります。

三

身心に関するのみならず、外物に対しても、私どもは同様に考えているのでありま す。身の延長である一切の外物に対しても、物は多いほうがよい、盛んであるほうが よいと思い、それが幸福安楽であるとばかり考えているのであります。

子孫の繁栄を願わぬものがないように、子も孫も多いほうが幸福であると考えてい るのですが、子が多いほど、孫が多いほど、気を遣うことが多く、心を苦しむること が多いのであります。もとより子も少なく孫も少ないのがよいとか、子も孫もないほ うがよいということではありませんが、多いことが必ずしも幸福安楽ではなく、苦が なくなるというのではありません。子孫が多いということが幸福であると思っている けれども、かえって多いことが自分の苦を盛んにしているということを知るべきであ ります。

事業が繁盛して追々手広くなったり、種々の事業をやってその数が増してゆくということは、盛大に見えていますけれども、事業が盛大になったり事業が多くなればなるほど、受・想・行・識が積重し、苦悩が積重して昼夜苦悩の休止する時がないようなこととなるのであります。それゆえに事業の小とか衰とかいうことがよいとか幸福であるということではありませんが、さりとて盛大になるということが、必ずしも幸福ではないということを知るべきであり、盛んになりさえすればよいと、そればかり願っていることは誤解であります。

支店が多く店員が多くなれば苦悩が多くなり、貸家が多くなれば苦悩が多くなって、寝ても覚めても心配が絶えぬというようなこととなっているのであります。名誉が高大になり盛んになるということも同様であります。

私は自分の経験から人の上をみて、多くの人が、「こんなはずではなかった」と思っていられるのではないかと思います。

肉体が盛んになればよいと考えて、肉体が盛んになってみると、楽が増さずに苦が殖《ふ》えてきて、こんなはずではなかったと思っていられるのではないかと思います。

心の方面の受・想・行・識が盛んになればよいと考えていたのに、才気縦横《さいきじゅうおう》とか、学識を蘊蓄《うんちく》すれば幸福になるはずであるのに、一向楽にならずにかえって苦が増して、こんなはずではなかったが、と思っていられるのではないかと思います。

また、子孫が繁栄すれば幸福になると思っていたのに、子が大きくなって苦が盛んになったり、子が多くてかえって心配が増したり、孫が多くなって心配や苦労が殖《ふ》えて、一向幸福でなくこんなはずではなかったと案外に思っているのではないか。

財産が盛んになってかえって心配が大きくなったり、苦労が多くなって、貸家や地所を多く所有して苦しみが増して、こんなはずではなかったと思っておりはせぬか。

事業が盛大になって支店や店員が多くなったり、事業が多くなって、苦が多く大きくなって一向安楽がなく幸福が感ぜられないために、こんなはずではなかったと思っておりはせぬか。

名誉が高くなっても一向幸福でなく心労が増して、こんなはずではなかったと思っておらないかと思うのであります。それらすべてが五陰盛苦であって、身でも心でも、物でも心でも、なんでも多くなり盛んになりさえすれば、幸福であり安楽になって、苦はなくなると思っていた反対に、苦悩に悩んでいる自分を発見することでありましょう。

ある日、人の紹介によって、一人の紳士が来訪せられました。座敷に通して名前や職業を聞くと、恐る恐る名刺を出して、誠に恥ずかしいことですが、今日はこんな名刺より持ち合わしませぬので失礼ですがと、差し出される名刺を見ると、会社の重役名義が七つも列記してあるのです。いろいろとお忙しいことですねと挨拶すると、その方は頭を掻いて、お恥ずかしいことです。大層に重役名が列《なら》んでいますが、実はそれが問題で今日参ったのであります。初め若い間は、一会社の重役にでもなりたい、そして肩書きにするほどになりたいと思っておりましたが、今日は七つの重役名を肩書きにせねばならぬようになって、困っているのでございます。愚かな者であります。肩書きをもつようになってみても、なってみると何のこともありません。心配が殖えるだけでありますのに、一つでも殖えた方が名誉のように考えていまして、三つになっても五つになっても幸福なことはなく、心配と苦労が殖えるばかりであるので困っております。追々減らしてゆくつもりでありますが、今日では名誉とも何とも思いません、かえってお恥ずかしく思っているのです。それでこんなことではつまらぬと思って、真に幸福になれる道を求めて参ったのでありますと、しんみりと話されたことがあります。

四

私ども凡夫は、五陰盛は楽であるとして求めているのですが、仏は五陰盛は苦であるぞと教えられているのです。それはもとより盛んでないことがよいというのではありませんが、盛んになりさえすれば幸福が来ると考えている私どもの心の誤解を指摘していられるのです。

身心の盛んになりゆくことが悪いのではない。また子孫の盛大になるということが悪いのでもない。無論財産や事業の盛大になるのが悪いのでもありません。すなわち盛大になることを欲したり、盛大になることが悪いのではないが、事実としては盛大になりながら安楽がなく、かえって苦悩が盛大になっているということであります。

盛大になるのが悪いのではないが、盛大になったことが悪い結果となっているのです。それは何故であるかといえば、身と心との調節がなく物と心との不調和のためでありますｃ不調節とか不調和ということは、心の問題を閑却しているからであります。

身が太ると共に心も太るようにすべきであり、物が盛大になると共に心も肥やされねばならぬのであります。財産や事業や名誉も、そこに気づいたならば減少するのも一方法でありますが、それは消極的な方法であります。しかしそれも成りゆきであり業報《ごうほう》であるならばどうすることもできない場合も多いのですが、それに相応して一心を修養するとか培養する必要があるのであります。一心の問題を閑却して、物さえ殖えればよいと考えたり、物さえ盛んになればよいと考えているだけでは、きっと、苦を盛大ならしむるに過ぎぬ結果となるのであります。それゆえに釈尊はこの状態を救うために道を説かれたのであります。物が多くなったり、物が盛んになって悪いというわけはないはずですが、ただこれに対する一心の解決がつき、心力が増大せねばならぬのであります。一心の心力があって外物との調節があり調和があって、外物に負けない心力ができればよいのであります。

正しき道による真の心力が必要なのであります。しかるに心の問題を軽視する人は、自己の経験によって何とか扱ってゆかんとしたり、ついには破れかぶれの悪度胸を据えて平気になったりするのですが、自己の経験や訓練によって、これらを処理することもともとより必要なことですけれども、ついには「持て余している」というようにも見ゆることが多くあります。正しく考えて処理するということは、実は難しいことでありますけれども、破れかぶれの悪度胸を据えるというに至っては、自他共に危険なことであります。仏の教えは何を教うるかといえば、かかる五陰盛の苦を無くする方法を教示されているのであります。

五

五陰盛苦《ごおんじょうく》といって色・受・想・行・識の強盛《ごうじょう》になることは苦であります。即ち物質と心との両方とも物の盛んになることは苦しみであると知らされて、五陰盛は苦であると知っただけでも、どれだけか苦が減ずるものであります。苦しむ方向を楽の方向だと思い、焦って走っていた苦しさだけでもなくなるのであります。すなわち、ひた走りに走ることから踏み止まって、まず落ち着くことができるのです。誤っていた方向を転換して更に進むべき道がやや明らかにならんとするのです。

曇った眼鏡が拭《ぬぐ》われたように、今までは物の盛んになることばかりが幸福の道であると思っていた曇りが拭われて、実はそれは苦であったのだと明瞭に見えだしたのですから、いかにすべきが本当の道であるかということを探し求める眼ができてきたのです。

物と身と心とが相応しないことには幸福は来たらず、苦はなくならないのであります。洋服は身に相応しないと苦しくなったり、気持ちが悪かったりするようなものであって、物が身に相応し、心に相応するということは、身に合った洋服を着たようなものです。

物が盛んになることばかりが安楽幸福であると考えていた考えの誤りを直すのには、少欲知足《しょうよくちそく》という教えがあります。多欲の考えを少欲とし、不知足の心を知足の心とすることであらねばなりません。

『遺教経《ゆいきょうぎょう》』には

知足の法は即ち是れ富楽安穏《ふらくあんのん》の処なり。知足の人は地上に臥すといえどもなお安楽となす。不知足の者は天堂におるといえどもまた意にかなわず。不知足の者は富めりといえどもしかも貧なり。知足の人は貧なりといえどもしかも富なり

と世尊は人世の最後において弟子達に教えを遺されているのです。

かかる教えを聞くと、多くの人は消極的だとか、元気がなくなるなどといいますけれども、積極的だとか元気がよいとか思って、物と身と心の盛んになることばかりを考えている結果は、苦しみを強くしていることなのであって、一向に安楽にも幸福にもならないとすれば、それは正しい考えでないことは明瞭であります。そして持て余して苦しんでいるとすれば、それは病人の苦悩であります。かかる病苦の心を治救する方法は少欲と知足の法という薬よりないのであります。それゆえ「知足の法は富楽安穏の処なり」とある通り、いかに物が盛んであってもその心が不足ばかり不安ばかりであるならば、それは物乞いのような心であります。持った物乞いと持たぬ物乞いとの違いはあっても、根性と心境は同一でありまして、心のおり場所が富でもなく楽でもなく、一心の安穏なる住み家をもたないのです。しかるに知足ということが得ら

れるというと、そこに富楽安穏の住み処を得ることができます。それゆえ、知足という法を得ておらない不知足の人は、飽くまでも物の盛んになることばかりを希い求めるものですから、いつまでも得られない不満と、得られてもなお苦しんでいるのであって、要するにそれは貪欲のためであります。

少欲となればその苦は減じます。知足となれば苦はなくなります。ゆえに苦をなくする方法は少欲知足のほかにはありません。

ある人は、少欲となれば苦が増すと考えるのでありますが、それは多欲強欲の貪欲のために眼が曇っているのであります。しかしながら五陰盛は苦なりということに一旦眼醒《めざ》めた人は、少欲ということのいかに正しい法であるかということに気づくべきはずであります。

少欲であるから働かぬというのではありませぬ。心が少欲であっても働くべきときには大いに働くのであります。

知足ということになれば働かぬというのではありません。知足であるから満足があり満足があるから喜びがあり、喜びがあるから大いに働けるのであります。

少欲であるから金が殖《ふ》えないとは限りません。少欲であるから学問ができないということもありません。少欲であるということは不相応な我欲を主張せぬ心であります。五陰盛を富楽安穏《ふらくあんのん》の処と考えない心です。すなわち貪欲心を強くして物を取りにゆかない心です。非理非道に物を取りにかからなくとも、正しく大いに働けば、来るものは来るのです。「盗った金は盗られる」といいます。「貯めた金と、貯まった金」ということもあります。非理非道に貯めた金は逃げんとし流れんとしますが、貯まった金は自然の賜であるから逃げてもゆかず流れ去らぬといわれています。決して無理なことは考えぬものです。道というものは形がないから眼には見えないが、存在するものであり、間違いなく行なわれているものであります。

しかし少欲知足と口ではいっても、また心にかけても、少欲の心となり知足の心となることは、なかなか難しいものであります。即ち自力では少欲にも知足にもなかなかなれないのであります。しからばどうすればよいかというと、本願心であります。如来を信じ如来の本願に帰命することによってのみ、少欲知足になれない貪欲の私が、やっと少欲知足の心にならしめられるのであります。

七、苦の離脱

一

信とは如来の本願を信ずることであり、如来に一心帰命《いっしんきみょう》することであります。一心帰命とは身心の一切を挙げて如来に帰依《きえ》することであり、如来の慈悲と願力にまかすことであります。言い換えれば如来の本願大悲を一心にたのみたてまつることであります。如来をたのむとは、一切自力をはたらかさず、我としてはからわぬことであり、如来の御はからいに、はからわれることであります。はからわぬとは、如来の本願力を信じ、如来の思《おぼ》し召《め》しに安住することであります。それゆえに信は充足の心でありります。如来に依りて充ち足りた心は知足の心であり、安穏《あんのん》の住み処を得た心であります。

弥陀《みだ》成仏《じょうぶつ》のこのかたは
いまに十劫《じっこう》をへたまえり
法身《ほっしん》の光輪《こうりん》きわもなく
世《せ》の盲冥《もうみょう》をてらすなり

（『浄土和讃』聖典四七九頁）

とあるごとく、この人世は如来の光に満ち照らされている世界であります。この光明、この如来を知らないから、種々に自力の智をふりかざして、とかくはからいの心を起こして、盲冥の生活を続けて苦悩するのです。

この如来ましまし、この光明のこの世にあることを知らないがために、自力によって苦を除き悩みをなくせんとして、いよいよ我慢を出して、自分の思うようにならしめんとし、我欲を押し立てんとするのであります。自力をもってし、我慢を振り立てて我欲を満足せんとするにもかかわらず、生苦も老苦も病苦も死苦もどうにもならず、なおまた、求不得苦も愛別離苦も怨憎会苦も五陰盛苦も、それら四苦も八苦もどうにもならないのであります。四苦を除き八苦を無くしようとしているのが人生の努力でありますが、その方法を知らないのであります。すなわち真の智慧がないからでありまして、これを愚痴というのであります。愚痴であるから貪欲ばかりが強く、我欲が強くて、四苦に対しても八苦に対しても、つまり人生を自分の思うようにしようと、我欲をもって貪求しているばかりであります。

しかし人世は左様にお易《やす》く、愚痴の凡夫が貪欲我欲を振り立てたばかりでは、思うように動かぬことになっているのであります。もし動くというならば我々の悪業と煩悩の結果としての業報通りに動くだけのことであります。

かかる世界に対して、如来の慈悲である光明の力は衆生を愛するがゆえに、衆生の四苦八苦を憐れむがゆえに、また、悩みを助けたいがために、自力を捨てて他力に帰せしめんとし、本願を信ぜしめんとして、準備し調えられてある世界であります。

愚痴なるがゆえに貪欲のほかは知らず、我欲ばかりである我々をして、自力のはからいである我欲を捨てしめ、貪欲の誤りを知らしめて、本願の他力信に入らしめ、仏智に随順せしめんとしておられるのですから、仏智を信ずるということは愚痴が智慧となることであります。

如来の本願を信じ仏智に帰するということは、それが「除苦悩法」の正しき方法であって、正法にかなえば、自力によって成就しなかった除苦悩法が、ここに不思議にも成就するのであります。物が法にかなえば「事理自《おの》ずから通じ何事か成らざらん」といわれているように、如来の御本願の思し召しのようになるのであります。如来は我々の「除苦悩法」として、自力を捨てて素直に他力に帰せよと教えられているのであります。

愚痴な凡夫である自分の思うようにはならぬが、それ以上の幸福が、如来仏智の御はからいによって与えらるることは理の当然であります。親鸞聖人は、

心《しん》を弘誓《ぐぜい》の仏地《ぶつじ》に樹《た》て、念を難思《なんじ》の法海に流す。

（「化身土巻」聖典四〇〇頁）

と申され、自力を捨てて、ひたすら如来に帰して安住しておられるのであります。愚痴な我欲を起こさず貪求しないということは、仏智によって調節せられてある流れに随うことであって、自力のはからいはもたなくなった代わりに、仏智の御はからいが我が力となったのであります。如来の願力が我が力となったのですから、

生死《しょうじ》に処して疲厭《ひえん》なけん、

（「信巻」聖典二三二頁）

と、聖人は自分の心力を喜んでおられるのです。生苦に処して困らず、死苦に対処し

て困らなくなられたということは、「疲厭なし」と申されたように「除苦悩法」に接せられたからであります。生死の苦に困られなくなったということは、生老病死の四苦に困らなくなったことであり、したがって求不得苦にも、愛別離苦にも、怨憎会苦にも、五陰盛苦にも、困らず悩まされなくなったことであります。

それは何故であるかといえば、真実の信心は智慧であるからであります。信心が智慧であるということは、信心は仏智であり仏心であるからであります。

ひるがえって、凡夫自力の「除苦悩法」というものは、必ずその根源が我欲であって、貪欲《とんよく》から出ているのであります。もし貪欲で思うようにならない時には必ず瞋恚《しんに》となるのであります。貪欲と瞋恚の心で努力しておって「除苦悩法」のかなうわけがなく、四苦も八苦もなくならないのは当然のことであります。しかるにかかる愚策をとっているというのは、本来真智のない愚痴《ぐち》のためであります。

二

八苦で見ましても、生苦をなくせんとするその心を探ってみれば、貪欲のためであります。老苦をなくしたいというのも、病苦や死苦をなくしたいというのも、貪欲でありります。求不得苦に苦しむというのも愛別離苦に苦しむというのも貪欲のためであり、五陰盛苦に悩むというのも貪欲のためであります。これらをなくしたいと努力工夫するのも貪欲からであります。また怨憎会苦はもとより瞋恚心《しんにしん》でありますが、その苦悩の因は貪欲にほかならないのです。それゆえに八苦をなくしたいということのすべてが、皆貪欲のためであり、その我欲が思うようにならない時には、常に瞋恚の苦となるのであります。すなわち生苦をなくしたいと焦って、それが思うようにならない時には、瞋恚心《しんにしん》が起こって悩まねばならぬのであります。即ち瞋恚は身心を焼痛せしめるものであります。老苦を無くせんとし、病苦を無くせんとして種々に努力しても思うようにならぬ時には、老人が気短く怒りっぽくなったり、病人が癇癪《かんしゃく》を起こしたり悲歎したりするようになるようなものであります。求めて得られざる時には腹が立ち、愛別離苦に遇っても腹が立ち、五陰盛苦もついには腹が立って苦しみ悩むものであります。

かくのごとく八苦というものをなくして安楽幸福にならんとする全体が貪欲であって、同時に瞋恚の苦を嘗めさされる事がその結果であります。それはつづまるところ、貪欲も瞋恚もそれらはみな愚痴心を根源としているのであります。愚痴の心は苦悩をなくせんとし安楽を得んとして、必ず貪欲心となって働きかけてゆくのであって、その結果は瞋恚の苦となるのであります。

それゆえに真の「除苦悩法」としては、貪欲我欲の自力我心を捨てしめ、他力仏智に帰入せしめ、他力信心の人たらしめんとしておられるのであります。信は仏智に随順し、仏の御はからいに順い、仏力をたのみとする心であって、その信は仏心であり仏智でありますから、信とは愚痴が智慧と入れ代わることであります。信心の智慧と申されている通り、信こそは智慧であって、智慧なるがゆえに、八苦に満てる人生に処して、八苦を除去して生死を出離せしめるから、釈尊はこの如来に一心帰命する信を、人生の苦悩を除くただ一つの方法であるぞと教えられたのであります。

親鸞聖人が「信心為本《しんじんいほん》」といって信一つをどうかして得せしめたいと、一代努力せられたのも全くそのためであります。

「除苦悩法」を得んとならば、如来に帰命するか、しないかで定まるのであります。

私は最後に「正信偈」の中に、

五劫《ごこう》、これを思惟《しゆい》して摂受《しょうじゅ》す。重ねて誓《ちか》うらくは、名声十方《みょうしょうじっぽう》に聞こえんと。
あまねく、無量・無辺光、無碍《むげ》・無対《むたい》・光炎王《こうえんおう》、清浄《しょうじょう》・歓喜《かんぎ》・智慧《ちえ》光、不断《ふだん》・難思《なんし》・無称《むしょう》光、超日月光《ちょうにちがっこう》を放って、塵刹《じんせつ》を照らす。一切の群生《ぐんじょう》、光照《こうしょう》を蒙《かぶ》る。

（『行巻』聖典二〇四頁）

と申されて、如来の十二光が十方世界に充満していられることを知らしておられる御詞をここにしるしておきます。

なおまた聖人は『浄土和讃』の初めにあたって、この十二光を讃嘆して、その御徳と利益とを揚げて帰命せよと勧めておられるのです。ここに和讃を列記して、終結といたします。

智慧《ちえ》の光明はかりなし
有量《うりょう》の諸相ことごとく
光暁《こうきょう》かぶらぬものはなし
真実明《しんじつみょう》に帰命《きみょう》せよ

解脱《げだつ》の光輪《こうりん》きわもなし
光触《こうそく》かぶるものはみな
有無《うむ》をはなるとのべたまう
平等覚《びょうどうかく》に帰命《きみょう》せよ

光雲《こううん》無《む》碍《げ》如《にょ》虚空《こくう》
一切の有碍《うげ》にさわりなし
光沢《こうたく》かぶらぬものぞなき
難思議《なんしぎ》を帰命《きみょう》せよ

清浄光明《しょうじょうこうみょう》ならびなし
遇斯光《ぐしこう》のゆえなれば
一切の業繋《ごうけ》ものぞこりぬ
畢竟依《ひっきょうえ》を帰命《きみょう》せよ

仏光照曜最第一《ぶっこうしょうようさいだいいち》
光炎王仏《こうえんのうぶつ》となづけたり
三塗《さんず》の黒闇《こくあん》ひらくなり
大応供《だいおうぐ》を帰命《きみょう》せよ

道光明朗超絶《どうこうみょうろうちょうぜつ》せり
清浄光仏《しょうじょうこうぶつ》ともうすなり
ひとたび光照《こうしょう》かぶるもの
業垢《ごうく》をのぞき解脱《げだつ》をう

慈光《じこう》はるかにかぶらしめ
ひかりのいたるところには
法喜《ほうき》をうとぞのべたまう
大安慰《だいあんに》を帰命《きみょう》せよ

無明《むみょう》の闇《あん》を破《は》するゆえ
智慧光仏《ちえこうぶつ》となづけたり
一切諸仏三乗衆《いっさいしょぶつさんじょうしゅ》
ともに嘆誉《たんよ》したまえり

光明てらしてたえざれば
不断光仏《ふだんこうぶつ》となづけたり
聞光力《もんこうりき》のゆえなれば
心不断《しんふだん》にて往生《おうじょう》す

仏光測量《ぶっこうしきりょう》なきゆえに
難思《なんし》光仏《こうぶつ》となづけたり
諸仏は往生嘆《たん》じつつ
弥陀《みだ》の功徳《くどく》を称せしむ

神光《じんこう》の離相《りそう》をとかざれば
無称光仏《むしょうこうぶつ》となづけたり
因光成仏《いんこうじょうぶつ》のひかりをば
諸仏の嘆《たん》ずるところなり

光明月日《こうみょうつきひ》に勝過《しょうが》して
超日月光《ちょうにちがっこう》となづけたり
釈迦嘆《しゃかたん》じてなおつきず
無等等《むとうどう》を帰命《きみょう》せよ

(『浄土和讃』聖典四七九～四八〇頁)

あとがき

本書は、昭和十八（一九四三）年に真宗大谷派宗務所内の大谷出版協会から発刊されたものを、現代仮名遣いに改めた校訂版です。

著者の蜂屋賢喜代師は、清沢満之門下で大正の末期から昭和の中期にかけて大阪を中心に活躍した真宗大谷派の僧侶であります。

私は、大学生の時に起きた父の急逝と、それによる母の落ち込みから、内定が決まっていた会社に就職できないようになり、思いもよらぬ方向に社会人生活が始まりました。そのように、自らの職業問題と母との葛藤等に悶々と悩み始めた私は、それが機縁となって、真宗門徒の家庭に生まれたわけでもないのですが、ある妙好人のようなお婆さんと出遇い、さらにその師でありました蜂屋賢喜代師とその著作、そしてそのご長男である蜂屋教正師に導かれました。

爾来不思議にも仏法、なかんずく親鸞聖人の教えに、自分が直面している苦しみ悩みの解決を求める聞法生活が始まりました。このようなご縁をいただけたことは、返す返すも「仏法聞きがたし」の世界におきまして、何と幸せなことであったかと存じ歩んで参りました。

蜂屋師の著作は、すべてにわたって繰り返し巻き返し拝読しつつ歩んでおりますが、『苦の探究』は昨年法藏館から復刊されました『聞法の用意』と同様に、ボロボロになるまで何度も味わっている書であります。この度、長年の念願でありました復刊を、法藏館にお願いしたところ快諾してくださり、かように刊行の運びとなりました。ここに、西村明高社長をはじめとして、戸城三千代編集長、大山靖子氏など、お世話になりました方々に、衷心からの厚い感謝の思いを記したく存じます。

最後に、お父上賢喜代師の著作の復刊の望みを抱きつつ、六年前に還浄されました師、蜂屋教正先生の仏前にこの書の復刊のご報告をいたしつつ、さまざまな問題に苦しみ悩んでいらっしゃる多くの方々に、この書がきっと苦悩を除く正しき道の伴侶となりますことを衷心から念じる次第であります。

合掌

二〇一九年六月　ニュージャージー草庵にて

真宗大谷派（東本願寺）北米開教使　名倉　幹

著者略歴

蜂屋賢喜代（はちや　よしきよ）

1880年　９月10日大阪市東区谷町慶徳寺《きょうとくじ》に生まれる。
1905年　東京巣鴨、真宗大学本科（現大谷大学）卒業。
1918年　雑誌『成同』を刊行し布教・伝道活動展開。
1924年　大阪天王寺の光照寺の住職となる。
1964年　12月13日　84歳逝去。

著書

『人間道』『仏天を仰いで』『病める人へ』『歎異鈔講話』
『蓮如上人御一代記聞書講話』『正信偈講話』『聞法の用意』
『四十八願講話』等

苦の探求［校訂版］

二〇一九年九月一〇日　初版第一刷発行

著　者　蜂屋賢喜代
発行者　西村明高
発行所　株式会社法藏館
京都市下京区正面通烏丸東入
郵便番号　六〇〇―八一五三
電話　〇七五―三四三―〇〇三〇（編集）
〇七五―三四三―五六五六（営業）

装幀　山崎　登
印刷・製本　中村印刷株式会社
ISBN 978-4-8318-8772-6 C0015